NEXT NETFLIX

넥스트 넷플릭스

넷플릭스에서 시작된 OTT 전쟁,
콘텐츠 시장의 미래를 뒤바꾸다

임석봉 지음

한스미디어

스트리밍 시장의 전쟁은
이미 시작되었다

2020년 1월, 코로나-19가 성행하기 직전에 미국을 방문했다. 처음에는 샌프란시스코, 산호세를 거쳐 리노까지 일정이었는데 뉴욕에 개관한 넷플릭스의 '패리스 시어터Paris Theater'가 보고 싶어 마지막에 뉴욕을 거쳐 한국으로 돌아가는 무리한 일정을 잡았다. 대체 넷플릭스는 무슨 생각으로 극장을 인수했을까? 또 인수한 극장은 어떤 곳인지 참 궁금했다. 이런 궁금증을 풀기엔 패리스 시어터가 넷플릭스 극장으로 다시 개관한 지 얼마 되지 않아서인지 넷플릭스가 단관 극장을 인수했다는 사실을 아는 사람도 많지 않았고 정보도 거의 없었다. 그래서 더 가보고 싶은 욕심이 생겼을지 모른다. 네바다 리노 공항에서 밤 12시 비행기를 타고 5시간 비행에 3시간의 시차로 JFK공항에 아침 8시 도착했다. 뉴욕에 방문한 김에 패리스 시어터뿐 아니라 타임스퀘어와 애플 매장도 둘러봤는데 힘든 일정이었지만 백문이 불여일견을 제대로 느낄 수 있었다.

방송사에 있으면서 방송 산업과 정책에 관심 있던 터라 미디어 기업과 OTT 스트리밍 서비스는 늘 관심의 대상이었고 또 직접 체험(넷플릭스, 웨이브, 티빙, 유튜브 프라임 등) 중이었지만 실제로 뉴욕에서 느꼈던 느낌은 아직도 지울 수가 없다. 한국에 없는 서비스와 볼 수 없는 콘텐츠가 뉴욕 전광판을 가득 메운, 그야말로 OTT 전쟁터 같은 느낌이었다. 2017년 여름, 뉴욕을 방문했을 때만 해도 이 정도는 아니었는데 레가시 미디어라 불리는 방송 프로그램 광고는 찾아보기 어려웠고 스트리밍 서비스와 스트리밍 콘텐츠를 홍보하는 광고로 가득했다. 특히 당시 CBS의 스트리밍 서비스인 CBS 올엑세스All ACCESS에서 서비스하는 〈스타트렉: 피카드 시즌 1〉의 광고가 눈길을 끌었다. 영상 중에서 '나우 스트리밍NOW STREAMING'이라는 국내에서 보지 못했던 문구가 주는 설렘과 긴장감이 동시에 전해졌다.

2019년 한국 미디어 시장에서 가장 핫한 이슈라면 단연 OTT 서비스였다. 언론·방송 관련 학회와 정부 세미나나 토론회의 단골 주제 역시 OTT 서비스였다. 글로벌 넷플릭스를 어떻게 대응할 것인지, OTT 서비스 사업자를 방송법 영역 안에 끌어들여야

하는지, 우리 OTT 사업자의 경쟁력은 무엇인지 등 많은 논의가 있었다. 그러는 사이 2020년 상반기 코로나-19를 겪으면서 미국뿐 아니라 우리나라도 OTT 서비스는 크게 성장했다. 넷플릭스는 400만을 넘어 600만 구독자 시대를 향하고 있고 웨이브Wavve와 티빙TVing도 2019년보다 가입자 수를 늘리면서 이제는 지상파방송과 유료방송 간 경쟁이 아니라 기존 방송(지상파+유료방송)과 OTT 스트리밍 서비스 사업자와의 치열한 경쟁이 예고되면서 코드 쉐이빙과 코드 커팅을 걱정하게 될 상황에 놓이게 되었다.

우리나라와 달리 미국 미디어는 M&A를 계기로 성장하고 확장해왔다. 물론 미국의 규모와 성격(수직·수평 결합)에 비할 정도는 아니지만, 2019년 LGU+의 케이블TV 1위 사업자인 CJ헬로비전 인수, SKB의 케이블TV 2위 사업자인 티브로드 인수·합병, 푹POOQ과 옥수수OKSUSU의 합병 같은 굵직굵직한 M&A가 국내에도 있었다. 미국 미디어는 주인을 바꿔가며 수평·수직 결합을 통해 덩치를 키우고 있어 먼 한국에서 볼 때 막연한 대단함은 있었지만 얼마나 대단한지, 얼마나 경쟁이 치열한지 속속들이 알기는 어려웠다. 어찌 보면 너무 많아 정리하는 것도 조금은 애를 먹었을 정도였다.

이 책은 전문적인 책이라기보다는 OTT 입문서가 되길 바라는 마음으로 쓰게 됐다. 글로벌 OTT 서비스 시장에 우뚝 선 넷플릭스와 '타도 넷플릭스'를 외치면서 스트리밍 전쟁에 뛰어든 아마존, 디즈니, 컴캐스트(피콕), AT&T_{HBO MAX}, 퀴비가 어떤 무기를 갖고 전쟁에 참전하는지 정리해보았다. 그러기 위해서 2억 명에 육박하는 넷플릭스의 장점은 무엇인지, 넷플릭스가 무엇을 변화시켰고 우리 방송과 콘텐츠 산업에 미친 영향은 무엇인지 알아보고 우리가 막연하게 알고 있던 디즈니와 HBO 같은 미디어 그룹이 시작하는 OTT 서비스가 어떤 콘텐츠와 전략을 갖고 시장에서 치열한 경쟁을 펼치려는지 알아보고자 한다. 책을 쓰면서도 시시각각 변하는 OTT 가입자 변화와 코로나-19로 지연되고 수정되는 전략에도 불구하고 최신 자료를 담기 위해 꽤 노력했다.

OTT 서비스 전쟁에 속속들이 참전하는 ViacomCBS_{CBS ALL}

ACCESS와 미국에서 선풍적인 인기를 끌고 있지만, 미·중 정치적 갈등으로 매각을 추진 중인 틱톡, 광고를 기반으로 OTT 스트리밍 서비스를 하는 AVOD 사업자(플루토TV, 로쿠TV 등)는 기회가 되면 정리하고 업데이트할 계획이다.

2020년 1월 샌프란시스코에서 페이스북 본사와 AT&T 빌딩에 세팅된 시트콤 〈프렌즈〉 25주년 전시장을 방문하고 사막 네바다에 위치한 데이터센터 '스위치'를 견학할 수 있는 좋은 경험을 하고 나서 한국으로 귀국한 지 한 달 만에 처음으로 OTT 이야기를 책으로 쓰자는 인연 같은 제안이 왔을 때는 여러 이유로 고민됐다. 하지만 책을 쓰는 계기로 개인적으로 정말 많은 학습과 정리가 되었다. 물론 책을 쓰는 내내 주경야경晝耕夜耕의 심정이었다. 회사 업무와 병행해 책을 집필한다는 것이 보통 힘든 작업은 아니었다.

그럼에도 불구하고 많은 분의 도움으로 책을 마무리할 수 있었다. 출판의 제안과 끝까지 믿고 도움을 주신 한스미디어 관계자분들과 주경야경하는 남편을 이해하고 물심양면으로 도와준 아내

소연과 브로드웨이 뮤지컬과 해리 포터에 빠져 있는 딸 채은에게 고마움을 전하고 싶다. 이 책을 시작하고 마무리할 수 있도록 도움을 준 동료 한정훈 기자와 귀찮은 질문에도 싫은 내색 없이 아낌없는 의견과 응원을 해준 팀 동료(두천, 선현, 영경, 서진)와 단톡방 메이트(재혁, 지원, 정은), 늘 아낌없는 지지를 해주는 김종우 팀장, 봉지욱 기자, 박민수 차장께 감사의 마음을 전한다.

Contents

PART 3 거대한 기회의 시장, 한국 OTT의 미래

PART 1

OTT 전쟁의 시작

2020년 1월, 미국에서 코로나-19가 성행하기 직전 방문한 미국 뉴욕의 타임스퀘어 전광판은 그야말로 OTT의 전쟁터와 같았다. 영화, 삼성·LG·SONY 기업과 전자제품 광고도 있었지만, 넷플릭스, 훌루, CBS, abc 같은 스트리밍 서비스 광고가 대세임을 느낄 수 있었다. 2017년 방문했던 타임스퀘어와는 그 느낌이 달라도 아주 달랐다. 2017년 사진을 보면 많은 뮤지컬 광고와 방송 뉴스(9PM FOX 5) 홍보가 있었지만 2020년에는 전통적인 방송 프로그램 광고는 찾아보기 어려웠다.

특히 당시 CBS의 스트리밍 서비스인 CBS 올엑세스에서 서비스하는 〈스타트렉: 피카드 시즌 1〉*의 홍보 영상이 상당히 눈에 띄었다. 그중에서도 '나우 스트리밍NOW STREAMING'이라는 문구가 광고의 전쟁터인 뉴욕 타임스퀘어가 스트리밍의 전쟁터가 되었음을 더욱 깊게 느끼게 해주었다.

최근 코로나-19로 전 세계적으로 OTT 가입자와 시청량은 2019년 대비 급증했다. 새롭게 OTT 스트리밍 서비스를 시청한 뉴커머New comer의 경험은 기존에 시청했던 방송사(지상파방송, 케이블 TV, 위성방송 등)를 위협하고 코드 커팅의 가능성을 코로나-19로 한층 높이는 계기가 된 셈이다.

글로벌 시장조사업체 스트래티지 애널리틱스Strategy Analytics[1]가 2020년 말 글로벌 OTT 가입자를 9억 4,900만 명으로 추정했는

---

* 〈스타트렉: 피카드(STAR TRAK: PICARD) 시즌 1〉은 2020년 1월 23일 CBS 올엑세스에서 서비스되었다.

2017년 뉴욕 타임스퀘어

2020년 뉴욕 타임스퀘어

주요 스트리밍 사업자 가입률 증가 추이(2020년 2월 12~25일 VS 2020년 4월 22일~5월 5일)

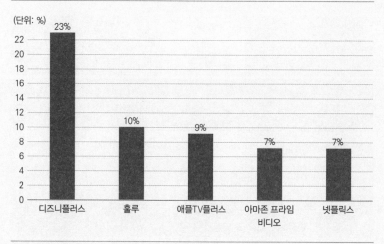

(단위: %)

출처: 〈버라이어티〉

코로나 팬데믹 시기 스트리밍 시청량 증가 추이

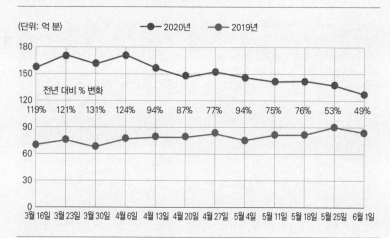

(단위: 억 분)

출처: 〈버라이어티〉

데, 놀라운 건 5년 후인 2025년까지 50%가 증가한 14억 3,000명으로 전망했다는 것이다.[2]

실제로 코로나-19 이후 미국의 스트리밍 시청량은 급증했는데, 특히 코로나-19로 사회 통제가 강한 시기인 2020년 3월 말에는 131%, 4월 말에는 77%가 증가하는 양상을 보였다. 이 기간에 가입자 증가율이 가장 높았던 스트리밍 서비스는 디즈니플러스로 팬데믹 시작 전인 2월보다 23%나 많은 가입자가 증가했고 훌루(10%), 애플TV플러스(9%), 넷플릭스(7%) 등 대부분 주요 스트리밍 서비스의 가입자 모두 증가했다.

글로벌 OTT 스트리밍 서비스의 맹주, 넷플릭스는 2020년 1분기와 2분기 모두 가입자 1,000만 명을 넘게 확보해 유료 가입자 2억 명 돌파를 눈앞에 두고 있다. 거기에 서비스 시작 6개월 만에 가입자 5,500만 명을 넘어선 디즈니플러스와 HBO가 2020년 5월, 새롭게 출범시킨 HBO MAX(통합 가입자 3,630만 명)가 오리지널 콘텐츠를 앞세워 넷플릭스의 독주를 견제하기 시작했다. 그뿐만이 아니다. 강력한 인터넷 쇼핑몰 아마존닷컴의 프라임 멤버십을 등에 업은 아마존 프라임 비디오Amazon Prime Video와 디즈니의 계열사인 훌루, 2020년 7월 본격적인 스트리밍 서비스를 시작한 NBC유니버설의 피콕Peacock까지, 그야말로 2020년은 글로벌 미디어 기업 간 스트리밍 서비스의 한판 전쟁이 본격적으로 시작된 해다.

세계 4대 회계법인 중 하나인 PWC는 글로벌 OTT 시장 규모를 2018년 382억 달러(약 45조 8,400억 원)에서 2023년에는 2배 수준

글로벌 스트리밍 사업자 현황

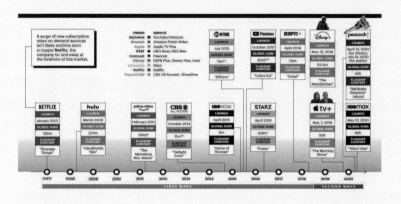

출처: 〈버라이어티〉

인 750억 달러(약 90조 원)로 확대될 것으로 전망했고[3] 글로벌 미디어 조사·연구 기업인 〈버라이어티VARIETY〉도 글로벌 SVOD 규모를 2018년 360억 달러(약 43조 2,000억 원)에서 2024년에는 우리 돈 100조 원을 넘긴 870억 달러(약 104조 4,000억 원)로 전망할 정도로 스트리밍 서비스 시장은 급증했다. 그래서 미디어 기업들은 사활을 걸고 이 전쟁에 참여할 수밖에 없는 상황이 되었다. 정체나 안주는 곧 도태를 불러올 수 있기 때문이다.

OTT 서비스 사업자는 우리가 알고 있는 것보다 훨씬 많다. 위의 그림은 OTT 서비스 중 SVOD, 즉 월정액 구독 모델을 기반으로 하는 스트리밍 서비스 사업자인데 우리에게 대부분 익숙한 넷플릭스, 디즈니플러스, 훌루, 아마존 프라임, HBO 등 글로벌 미디어 그룹이다. 또 다른 유형의 사업자도 있다. 광고를 기반으로 무료로 동영상 스트리밍을 서비스하는 로쿠TV Roku TV나 플루토TV PLUTO TV, 투비TV Tubi TV, IMDB TV, 부두 Vudu, 크래클 Crackle, 수모 Xumo 같은 AVOD OTT 사업자다. 이들은 우리에게 다소 낯설지만 플루토 TV는 파라마운트픽처스와 MTV·CBS를 보유한 바이어컴CBS가 2019년에 3억 4,000만 달러(약 4,000억 원)에, 투비TV는 미디어그룹 폭스 Fox Corporation가 2020년 3월에 4억 4,500만 달러(약 5,340억 원)를 주고 인수한 회사로 미국 AVOD 시장을 양분하고 있는 모기업이 든든한 회사들이다.

이 밖에 IMDB TV는 아마존닷컴이, 크래클은 소니, 수모는 미국 최대 케이블TV 컴캐스트가 보유하고 있는 서비스로 실적에 비해 뒷배경은 매우 든든한 OTT 사업자다. 부두는 2010년 월마트가 인수해 운영해왔지만 큰 성과를 내지 못하자 2020년 4월 월마트가 NBC유니버설의 자회사인 미국 티켓 판매 업체인 판당고 Fandango에 매각했다. 결국 컴캐스트가 NBC유니버설이 주력 스트리밍 서비스인 피콕과 더불어 수모와 부두를 확보하게 된 셈이다.

국내에도 2019년 지상파 연합 스트리밍 서비스였던 '푹'과 SK의 '옥수수'가 합병한 웨이브, CJ ENM과 JTBC가 합작해 새롭게 서비스를 시작하겠다고 예고한 '티빙', 국내 유일의 벤처 OTT 플랫폼인 왓챠 Watcha, 그리고 통신사의 시즌(KT), U+모바일tv(LGU+) 등의 대표 OTT 서비스가 있다. 하지만 국내 사업자 모두 유료 가입자 100만 명 이하로 글로벌 성장과 함께 2020년 200만 유료 가입자를 훌쩍 넘어선 넷플릭스에 미치지 못하는 수준이다. 물론 이는 비단 우리나라에서만 나타나는 현상은 아니다. 유럽 등 상당수의 국가에서도 넷플릭스는 로컬 OTT 업체보다 콘텐츠 질과 양적인 면에서 모두 우위를 점하고 있다. 영국도 2019년 1분기 로컬 서비스 중 가장 규모가 크다는 '나우TVNow TV'의 가입자가 162만 가구인 데 반해 넷플릭스는 1,147만 가구로 7배 이상 높았다.[4]

이처럼 스트리밍 전쟁은 넷플릭스를 중심으로 미국 미디어 기업들이 글로벌 시장을 두고 뺏고 빼앗는 자존심을 건 도전 양상을 보이기 시작했고, 이러한 글로벌 미디어 기업 사이에서 살아남기 위한 각 로컬 사업자의 힘겨운 도전도 시작된 셈이다.

이 책은 넷플릭스에 도전장을 내며 넷플릭스 자리를 노리는 글로벌 미디어 기업들이 어디인지, 또 이러한 스트리밍 전쟁을 통해 어떻게 미디어 콘텐츠 시장이 바뀌어가는지 이야기하고자 한다. 그러기 위해서 넷플릭스가 가진 힘의 원천은 무엇인지 알아보고, 도전자들은 어떤 무기(장점과 전략)를 들고 이 전쟁에 참여하는지 살펴볼 것이다. 마지막엔 이러한 글로벌 미디어 사업자 틈에서 로컬 사업자인 국내 방송·미디어 사업자가 나가야 할 방향에 대해 개인적인 생각과 고민을 풀어낼 것이다.

이 책은 미디어에 대해 깊은 지식을 요구하거나 제공하는 전문 서적은 아니다. 일상에서 또 온라인에서 한 번쯤 들었을 법한 부러움의 대상인 글로벌 미디어 기업과 콘텐츠에 관한 이야기다. 부담 없이 읽고 국내 미디어가 나가야 할 방향에 대해 함께 고민해보는 계기가 되길 바라는 마음에서 쓰게 되었음을 다시 말씀드린다.

주요 용어

글로벌 미디어에 관해 이야기하다 보니 용어나 개념이 낯설 수 있다. 글을 시작하기에 앞서 이 책에 많이 나오는 용어를 정리하고 넘어가고자 한다.

AVOD(Advertising VOD): 광고를 보면서 무료로 콘텐츠를 시청하는 것으로 유튜브와 같은 서비스 형태.

Cord Cutting: 케이블TV 같은 기존 유료방송을 해지하고 OTT 서비스로 갈아타는 가입자 행동.

Cord Shaving: 케이블TV 같은 기존 유료방송의 요금을 줄이고 OTT 서비스를 추가로 이용하는 가입자 행동.

Linear: 정해진 편성에 의해 실시간(Live)으로 보여주는 방송, 지상파방송 같은 서비스.

Non linear: 비실시간 방송을 말하며 VOD와 같은 개념.

OTT(Over The Top): 셋톱(Setop)박스 없이 온라인을 통해 동영상을 제공하는 서비스.

SVOD(Subscription VOD): 넷플릭스같이 매월 일정한 요금을 지불하면 해당 패키지 전체를 시청할 수 있는 서비스 형태.

TVOD(Transactional VOD): 콘텐츠 한 편을 결제하면 해당 콘텐츠만 일정 기간(또는 영구히) 시청할 수 있도록 하는 서비스 형태.

VOD(Video on Demand): 정규 편성(Linear)을 통해 프로그램을 제공하는 것이 아니라 사용자가 원할 때 시청할 수 있는 콘텐츠를 지칭(주문형 비디오).

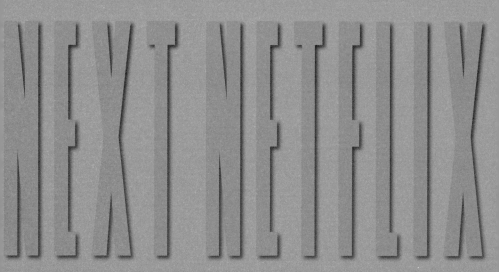

1장

넷플릭스는 어떻게
OTT 전쟁의 승자가 되었는가

넷플릭스
성공의 비밀

2019년 JTBC 로비에서 머리가 희끗희끗한 외국인 신사 일행과 잠시 스치듯 지나쳤다. 누굴까? 하는 호기심이 드는 순간도 잠시, 몇 발자국 지나니 로비 웰컴 보드에 "Welcome to JTBC, Reed Hastings / Netflix CEO"라는 문구를 보게 됐다. 전 세계 미디어 플랫폼과 콘텐츠 시장을 뒤흔들고 있는 장본인을 한국의 작은 회사 로비에서 마주쳤다는 사실 때문인지 기분이 묘했다.

넷플릭스의 2019년 매출이 200억 달러, 우리나라 돈으로 환산하면 약 24조 원으로 대한민국 모든 방송사(지상파, JTBC, tvN, 홈쇼핑, 모든 PP, IPTV, 케이블TV, 위성방송 포함)의 방송 매출 17조 6,700억 원보다 크니 넷플릭스에 비하면 우리 회사는 정말 작은 회사가 맞다.

이렇게 잘나가는 회사, 넷플릭스의 시작은 어땠을까? 대한민국이 금융위기를 겪고 있을 무렵인 1997년, 넷플릭스 최고경영자인 리드 헤이스팅스는 DVD를 우편으로 배송해주는 사업을 시작했다. 당시 한국은 미국과 달리 주거와 생활 반경이 넓지 않아 동네마다 비디오 대여점이 있었으니 우리에겐 별 필요가 없는 사업이었다. DVD를 신청하고 기다리느니 대충 옷을 입고 모자 눌러쓰고 잠시 밖에 다녀오면 해결되었을 테니 말이다. 하지만 넷플릭스는 연체료 프리Free를 앞세워 DVD 사업을 시작한 것이다.

리드 헤이스팅스 환영 문구

넷플릭스의 DVD 우편 사업은 인터넷 속도의 급격한 발전에 힘입어 2007년 '인터넷 스트리밍' 방식으로 대여 방법을 바꿔 '워치 인스턴틀리Watch Instantly'를 개시했고 3년 뒤인 2010년부터는 월 7.99달러에 무제한 스트리밍 서비스를 출시했다. 이 시기부터 가입자 수가 폭증했고 인터넷이 연결된 대부분 단말기(콘솔 게임기, 블루레이 플레이어, 스마트폰, 태블릿, 스마트TV 등)에 서비스를 제공하면서 그 증가세를 이어갔다. 인터넷으로 대여 방식을 바꾼 10년 뒤인 2017년, 넷플릭스는 구독 가입자 1억 명을 넘겼고 2019년 12월에는 미국을 제외한 글로벌 가입자 1억 명을 넘기면서 완전

한 대세 OTT 사업자로 자리 잡게 되었다. 특히 다른 산업과 달리 2020년 코로나-19 팬데믹 속에서 가입자가 크게 상승해 분기마다 1,000만 명이 넘는 가입자가 넷플릭스로 유입되면서 2020년 6월 말 기준 전 세계 1억 9,295만 명의 가입자를 기록하며 곧 2억 명 돌파를 눈앞에 두고 있다.

사람들은 무엇 때문에 넷플릭스에 열광할까? 넷플릭스의 성공 비밀은 무엇일까? 넷플릭스는 이용자(소비자)가 콘텐츠 시청을 위해 원하는Wants 것을 하나하나 실현시켰기 때문이라고 본다. 그것으로 인해 사람들은 점점 더 많은 시간을 넷플릭스에 내주었고 넷플릭스를 지금과 같은 성공으로 이끈 원동력이 된 것이라고 생각한다. 그렇다면 넷플릭스가 바꾼 변화는 무엇일까?

(1) 빈지 워칭Binge watching, '몰아보기'의 실현이다. 사람들은 새로운 콘텐츠를 원하지만 주 1회 또는 2회씩 보여주는 기존의 방송국 편성에 불만이 있었다. 하지만 방송국은 주 수입원인 '광고'를 위해서 어쩔 수 없이 관행대로 편성을 이어갈 수밖에 없었고 다시 보기VOD 서비스를 통해 시청자의 불만을 조금 해소시켜주는 정도의 노력만 했다. 그러나 시청자의 불만은 해소되지 않았고 오히려 욕구만 더 커졌다.

기존 방송사들이 이러한 변화의 흐름을 외면 아닌 외면할 때 넷플릭스는 이를 혁신하고자 노력했다. 그동안 방송국 편성 스케줄에 시청자가 맞춰왔다면 넷플릭스는 편성 스케줄을 시청자가 직접 계획하고 시청할 수 있도록 선택권을 넘겨주기로 한 것이다. 지금의 넷플릭스를 있게 해준 〈하우스 오브 카드House of Cards〉의 시즌 1 제작 당시에도 많은 사람은 헤이스팅스가 1억 달러(약 1,200억 원)에 달하는 에피소드 13편을 일시에 공개한다고 했을 때 반대와 우려를 나타냈다. 그럼에도 헤이스팅스는 일관되게 밀어붙여 〈하우스 오브 카드〉를 크게 성공시켰고, 10년이 지난 후에 '몰아보기' 현상은 세계 시청자의 일상이 되었다. 여전히 방송국의 주 시청 시간이 하루에 5시간 미만*이라면 넷플릭스에서는 24시간, 모든 시간이 주 시청 시간이 된 셈이다.

(2) 아낌없는 투자를 통해 새로운 오리지널 콘텐츠를 끊임없이 생산했다는 것이다. 넷플릭스는 2011년 〈하우스 오브 카드〉에 1억 달러를 투자했다. 당시 넷플릭스의 분기 매출(2011년 2Q)은 8억 달러에 못 미쳤고 순수익은 겨우 6,800만 달러로 1억 달러에 한참 미치지 못했다. 그뿐만이 아니었다. 넷플릭스 주가는 2011년 7월 300달러를 정점으로 이후 67달러까지 떨어졌다. 이는 그동안 넷플릭스가 저렴하게 계약해 제공해오던 소니, 워너브라더스, 디즈니 등 여러 미디어 기업의 콘텐츠 가격이 10배 이상 폭등하거나 서비스를 중단했기 때문이다.

엎친 데 덮친 격으로 넷플릭스가 독주하던 스트리밍 서비스 시장에 '훌루'와 '아마존 프라임 비디오' 같은 강력한 경쟁 상대가 나타나면서 넷플릭스는 위기를 맞게 되었다. 그럼에도 넷플릭스는

---

* 국내 방송법을 기준으로 주 시청 시간은 평일 오후 7~11시, 토·일·공휴일은 오후 6~11시까지로 하루 4~5시간 정도다. 다만 방송사의 전략에 따라 프라임(Prime) 시간은 조금씩 달라진다.

자신의 분기 수익보다 많은, 분기 매출의 8분의 1 이상을 〈하우스 오브 카드〉라는 드라마 한 편에 쏟아부은 것이다. 어쩌면 CEO 헤이스팅스는 다른 미디어 기업이 강력하게 공격할수록 오리지널 콘텐츠에 대한 필요성을 더 크게 느껴졌을지 모른다.

미디어 전문 온라인 사이트인 〈버라이어티〉에 따르면 넷플릭스가 제작한 오리지널 콘텐츠는 2019년 371편으로 2018년 240편에 비해 54.6%가 증가했다. 국내 드라마 연간 방영 편수가 100여 편 수준임을 감안하면 그 규모가 얼마나 대단한지 알 수 있다. 이제 넷플릭스는 오리지널 드라마뿐 아니라 오리지널 영화 제작에도 공을 들인다. 2019년 11월에 공개한 마틴 스콜세지 감독, 로버트 드니로와 알 파치노가 주연한 〈아이리시맨Irishman〉은 3시간 30분 러닝타임(상영 시간)에 제작비가 무려 1억 5,900만 달러(약 1,900억 원)가 들어간 대작 영화다. 넷플릭스는 〈아이리시맨〉을 극장에서 3주만 개봉하고 온라인으로 공개했다. 그 결과 극장 총 관객 수는 4만 명에 못 미치지만, 온라인 개봉 일주일 만에 2,640만 명 이상이 영화를 시청했고 한 달 동안 총 4,000만 명이 시청할 정도로 성공을 거뒀다.

여기서 궁금함이 생긴다. 넷플릭스는 왜 극장에 아주 잠깐이라도 개봉을 하는 것일까? 넷플릭스는 2019년 초 문을 닫은 뉴욕의 마지막 단관 극장인 패리스 시어터를 인수해 11월 넷플릭스 극장으로 다시 문을 열고 영화 〈결혼 이야기Marriage Story〉를 상영했다. 많은 사람이 넷플릭스가 막대한 자본을 앞세워 영화관 사업

까지 넘보는 것인지, 아니면 다른 이유가 있어 극장을 인수한 것인지 궁금해했다. 넷플릭스의 뉴욕 패리스 시어터 인수에 대해 당시 최고콘텐츠책임자cco였던 테드 서랜도스*는 "71년 전통을 이어온 유서 깊은 패리스 시어터는 지금도 변함없이 독특한 영화 관람 경험을 제공하는 특별한 장소다. 영화 애호가들에게 마음의 고향으로 남을 수 있도록 뉴욕의 유서 깊은 이 시설물을 보존하게 돼 무척 자랑스럽다"라고 밝혔다.[5] 이후 넷플릭스는 1922년 로스앤젤레스에 개관해 할리우드의 상징으로 자리 잡았던 이집트 극장Egyptian Theatre도 인수(2020년 6월)하며 동부 뉴욕과 서부 로스앤젤레스의

---

* 테드 서랜도스(Ted Sarandos)는 2020년 7월 16일 COO에서 공동 CEO(co-CEO)로 승진했다.

전설적인 극장을 보유한 OTT 사업자가 됐다.

일부 전문가들은 넷플릭스가 막대한 제작비와 많은 시청에도 불구하고 넷플릭스 오리지널 영화들이 영화관에서 개봉하지 않고 OTT에서 서비스되고 있다는 이유로 각종 영화제 시상식 후보에 오르기 힘들었기 때문에 단관 극장을 인수하고 이 극장을 통해 잠시 영화관 개봉을 하고는 본연의 스트리밍 서비스를 이어가는 전략을 취하고 있다고 말하기도 한다.

넷플릭스 오리지널 영화 〈결혼 이야기〉는 2020년 2월 넷플릭스 영화로는 최초로 오스카 영화제에서 로라 던Laura Dern이 여우조연상을 받았다. 2019년 골든글로브 시상식에서는 15개 부문에 넷플릭스 영화가 노미네이트됐다. 그중 알폰소 쿠아론 감독의 〈로마 Roma〉는 촬영상과 외국어영화상을 수상하는 성과를 냈다. 〈로마〉나 〈아이리시맨〉 같은 대작 영화들이 최우수작품상을 받아 자신들의 오리지널 영화에 대해 인정을 받길 원했던 넷플릭스 입장에서는 다소 아쉬운 성적이긴 하지만 영화인들도 넷플릭스 오리지널 영화를 영화제 시상식에 포함시키면 안 된다는 부정적인 인식은 거의 종식된 셈이었다. 앞으로 넷플릭스의 영화계에서 선전은 또 하나의 관전 포인트가 되었다.

또 다른 관점에서 보면 멀티플렉스 영화관과 OTT 스트리밍 서비스로 인해 경영난을 겪고 있는 역사적 가치가 있는 극장을 인수함으로써 넷플릭스는 작지만, 영화 생태계 상생을 위한 노력을 보여준 것일 수 있다.

넷플릭스 최근 2년간 가입자 추이

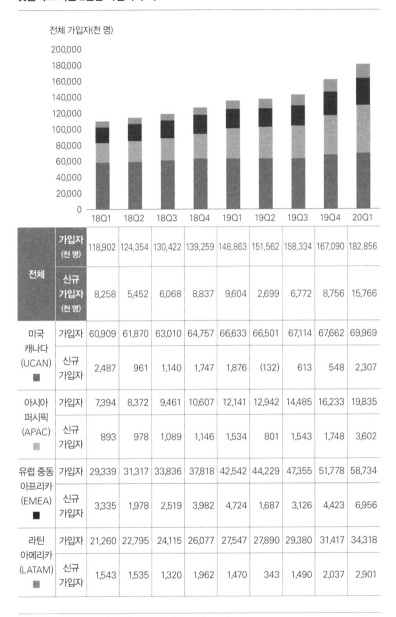

전체 가입자(천 명)

		18Q1	18Q2	18Q3	18Q4	19Q1	19Q2	19Q3	19Q4	20Q1
전체	**가입자 (천 명)**	118,902	124,354	130,422	139,259	148,863	151,562	158,334	167,090	182,856
	신규 가입자 (천 명)	8,258	5,452	6,068	8,837	9,604	2,699	6,772	8,756	15,766
미국 캐나다 (UCAN) ■	가입자	60,909	61,870	63,010	64,757	66,633	66,501	67,114	67,662	69,969
	신규 가입자	2,487	961	1,140	1,747	1,876	(132)	613	548	2,307
아시아 퍼시픽 (APAC) ■	가입자	7,394	8,372	9,461	10,607	12,141	12,942	14,485	16,233	19,835
	신규 가입자	893	978	1,089	1,146	1,534	801	1,543	1,748	3,602
유럽 중동 아프리카 (EMEA) ■	가입자	29,339	31,317	33,836	37,818	42,542	44,229	47,355	51,778	58,734
	신규 가입자	3,335	1,978	2,519	3,982	4,724	1,687	3,126	4,423	6,956
라틴 아메리카 (LATAM) ■	가입자	21,260	22,795	24,115	26,077	27,547	27,890	29,380	31,417	34,318
	신규 가입자	1,543	1,535	1,320	1,962	1,470	343	1,490	2,037	2,901

출처: ROA Daily 자료 재가공 (https://roadaily.co.kr/archives/163850)

(3) 넷플릭스의 성공 요인은 생태계 구축과 상생의 전략이라고 할 수 있다. 넷플릭스는 미국 구독자(약 7,000만 명)보다 글로벌 구독자(약 1억 1,300만 명)를 더 많이 보유하고 있는 유일한 글로벌 OTT 서비스 사업자로 현지화 전략에 성공한 사업자로 평가받는다.

넷플릭스의 현지화 전략은 현지 물가에 맞는 상품 가격 조정보다는 현지 콘텐츠 제작을 위한 적극적인 투자에 중점을 뒀다. 국내에도 2016년 영화 〈옥자〉를 시작으로 오리지널 콘텐츠 제작과 수급을 위해 노력한 넷플릭스는 같은 해에 프랑스·영국·브라질·멕시코·독일·스페인·이탈리아 등에서 오리지널 콘텐츠 제작을 위해 많은 투자를 했다. 이를 통해 넷플릭스는 현지 제작 활성화에 이바지했고 많은 제작사의 워너비 파트너가 되었다. 2019년 기준으로 넷플릭스는 대략 23조 원을 벌어 콘텐츠 제작에만 18조 원을 썼다. 2020년에는 20조 원을 투입하겠다고 발표했다. 그동안 국내뿐 아니라 미국을 포함한 글로벌 OTT 시장에서 대부분 사업자는 OTT를 콘텐츠를 실어 나르는 전송 수단의 하나라고 여겼다. 그래서 시청자는 OTT 서비스를 방송에서도 온라인에서도 비슷한 콘텐츠를 시청해야 하거나 다른 윈도(지상파TV, 케이블TV, 극장)보다 조금 늦게, 아니면 동시간에 시청할 수 있는 매체쯤으로 인식했다. 하지만 넷플릭스가 막대한 콘텐츠 제작비를 동원해 오리지널 콘텐츠를 제작함으로써 오직 스트리밍 서비스를 통해서만 즐길 수 있다는 인식의 전환을 가져오게 한 것이 넷플릭스의 성공 요인이자 OTT 시장을 확대한 계기가 된 것이다.

(4) 콘텐츠와 테크놀로지의 결합이라 할 수 있다. DVD 대여 사업이 정점에 이르렀던 2010년에 넷플릭스는 80만 명의 유료 가입자를 확보하면서 사업의 맹주였던 '블록버스터'*를 뒤로 밀어냈으나 거기서 만족하지 않았다. 2011년 넷플릭스는 회사를 넷플릭스와 퀵스터Qwikster로 분할하면서 스트리밍 서비스는 넷플릭스에, 전통적으로 해오던 DVD 대여 사업은 퀵스터로 이원화시켰다. 수익성이 감소하고 있는 기존 DVD 대여 사업보다 스트리밍 서비스에 넷플릭스 미래를 맡긴 CEO 헤이스팅스의 결정이었다.

당시 업계와 언론은 넷플릭스의 사업 분할을 '무리수'라 했고 소비자들은 넷플릭스가 대여 서비스를 포기하는 것과 같다며 불만을 표출했다. 이로 인해 넷플릭스의 주가는 300달러에서 60달러로 폭락했고 기존의 DVD 유료 렌털 회원들은 이탈하기 시작했다. 그러면서 넷플릭스는 창사 이래 처음 위기를 맞았다. 그럴수록 CEO 헤이스팅스는 오리지널 콘텐츠 확보에 과감히 투자했고, 서비스 성공을 위해 빅데이터를 활용한 독자적인 콘텐츠 추천 알고리즘을 개발했다.

넷플릭스는 빅데이터를 스트리밍 서비스에 처음 활용한 것은 아니다. 넷플릭스는 DVD 대여 사업을 하던 때부터 가입자들의 데이터를 모아 '시네매치CineMatch'라는 알고리즘을 개발해 서비스에 활

---

* 블록버스터(Blockbuster)는 1985년 창업한 비디오·DVD·게임 대여 체인점으로 1990년대까지 사업을 독점하다시피 했지만 2000년대 들어와 인터넷 스트리밍 서비스가 등장하면서 수익성이 악화됐다. 2010년 파산 신청을 하며 전성기 시절 9,000여 개에 달했던 매장 문을 닫고, 수천 명의 직원도 회사를 떠나게 됐다.

용해왔다. 게다가 블록버스터와 경쟁하기 위해 '플렉스파일'을 적극 활용했던 넷플릭스였다. 플렉스파일은 TV·라디오·배너 광고처럼 다양한 마케팅 채널을 분석해 고객 확보에 드는 비용과 가치, 신규 수요 예측과 고객 해지율, 총 가입자를 예측하는 데이터 분석 툴이다. 넷플릭스는 이 툴을 통해 자신들뿐 아니라 경쟁자 블록버스터도 분석하며 싸웠고 결국 승리했다. 넷플릭스에게 빅데이터 활용은 새로운 시도는 아니었다는 얘기다.

일반적으로 시청자는 또는 독자는 영화나 드라마의 장르를 몇 개로 구분할까? 전통적인 장르로는 액션·멜로·코미디·스릴러·SF·스포츠·전쟁·역사·음악 등 10여 개 내외로 구분하고 있다. 보다 세분화한다면 그보다 많을 것이다. 미국의 잡지 〈디 애틀랜틱The Atlantic〉[6]에 따르면 넷플릭스는 자체 알고리즘을 통해 7만 6,897개의 세부 장르Micro-genres로 영화를 구분한다. 넷플릭스의 장르는 각 범주(카테고리)에 대한 계층이 있는데 다음과 같은 요소들의 하위 집합으로 형성된다.

지역Region + 형용사Adjectives + 명사 장르Noun Genre + ~에 기초Based On⋯ + ~에 설정Set In⋯ + ~부터From the⋯ + ~에 관하여About⋯ + X부터 Y의 연령For Age X to Y

예를 들어 어린이용 콘텐츠도 '7세 미만 콘텐츠' 이런 식이 아니라 '0~2세, 0~4세, 2~4세, 5~7세, 8~10세, 8~12세, 11~12세의 콘텐츠'로 구분하는 것이다.

넷플릭스 제품 혁신 부사장VP of product innovation 토드 옐린Todd Yellin은 영화를 보기 위해 고용된 사람들이 모든 종류의 메타데이터Metadata를 이용해 직접 태그Tag를 다는데 그 과정은 매우 정밀하고, 태그를 다는 사람들은 선정적인 내용, 고상함Goriness, 로맨스 수준Romance levels, 줄거리 같은 서술적 요소들까지 담긴 36쪽 분량의 문서를 통해 훈련받은 사람들이라고 한다. 넷플릭스의 이용자가 가입할 때 선택한 취향 콘텐츠에 붙은 태그를 바탕으로 알고리즘이 취향에 맞는 콘텐츠를 찾아서 제공하고 이후 이용자가 콘텐츠를 시청할수록 해당 콘텐츠의 태그를 분석해 점점 더 이용자에게 맞는 취향의 콘텐츠를 정교하게 추천하는 식이다. 왜 이렇게 할까? 토드 옐린은 이유를 "넷플릭스가 이용자를 더 잘 안다고 보여줄수록, 사람들은 넷플릭스 곁에 있을 것이다The better Netflix shows that it knows you, the likelier you are to stick around."라고 말한다.

넷플릭스는 빅데이터 활용을 비단 서비스 이용자에게 영화나 드라마를 추천하는 것만으로 끝나지 않는다. 이 빅데이터를 드라마 〈하우스 오브 카드〉를 제작하는 데 적극 활용했다는 이야기도 있다. 알고리즘을 통해 사람들이 좋아하는 공통분모를 찾고 더 많은 사람이 볼 수 있는 드라마 제작을 위해 사람들이 보는 수천만 건의 동영상, 이용 평가, 소셜네트워크서비스 데이터, 검색 정보 등을 최대한 분석하며 이를 활용해 〈하우스 오브 카드〉 스토리를 찾아내 제작까지 했다는 것이다.

"제작은 공배수를 찾아내는 작업이다. 가급적 가장 많은 사람이 볼 수 있어야 하기 때문이다. 넷플릭스는 공배수를 찾기 위해서 하루 평균 3,000만 건의 동영상 재생 기록과 400만 건에 달하는 이용자 평가, 300만 건이 넘는 검색 정보, 위치 정보와 단말 정보를 뒤지고 또 뒤졌다. 어디에서 일시 정지가 일어나고 되감는지 뒤졌다. 심지어 영상물의 색깔 톤과 음량까지 조사했다. 우리가 상상할 수 있고 접근 가능한 모든 정보를 이용했다. 여기에 외부 정보를 더했다. 시청률 조사업체인 닐슨, 기타 시장 조사 업체들이 제공하는 메타데이터, 소셜네트워크서비스인 페이스북과 트위터로부터 수집한 소셜 데이터까지 수집·분석해 시청자의 성향을 파악하고자 했다. 그렇게 이용자의 선호도를 분석해서 원하는 드라마와 원하는 배우와 감독, 원하는 스토리를 찾아냈다. 결론은 1990년에 방영된 BBC의 드라마 〈하우스 오브 카드〉를 리메이크하는 것이었다. 〈하우스 오브 카드〉는 넷플릭스가 빅데이터를 분석해서 반영한 첫 제작물이자 역사상 최초다."[7]

물론 넷플릭스의 빅데이터 활용이 대단하긴 하지만 〈하우스 오브 카드〉 스토리를 발굴하고 제작에 관여한 것은 다소 부풀려진 이야기라고 하는 사람도 있다.[8] 〈하우스 오브 카드〉의 제작사인 미디어라이트캐피탈MRC: Media Rights Capital의 드라마제작총괄인 조 힙스Joe Hipps가 '국제콘텐츠콘퍼런스DICON 2014'에 방문했을 때 연설에서 "BBC 드라마를 리메이크하기로 한 것이나 감독과 배우 선정 등의 과정에 넷플릭스는 참여하지 않았다. 제작과 관련된 전반적

의사 결정은 MRC가 한 것이다. 원래는 다른 방송국과 배급 계약을 맺으려고 했는데, 넷플릭스가 더 비싸게 불러서 계약을 맺었다"라고 말했다는 것이다.

그럼에도 불구하고 넷플릭스가 빅데이터를 활용해 사업에 성공했다는 것을 부정하는 사람은 없을 것이다. 아마존과 더불어 데이터 활용의 쌍두마차 기업이기 때문이다. 심지어 넷플릭스는 여기서 멈추지 않고 인공지능 딥러닝도 활용한다고 하니 부러울 따름이다. 결국 넷플릭스의 빅데이터는 태그를 직접 다는 휴먼 리소스와 인공지능이 결합되면서 날로 발전하는 것이다.

OTT 비즈니스 모델,
구독 Vs 광고

OTT의 비즈니스 모델BM은 크게 두 가지로 나뉜다. (1) 넷플릭스나 디즈니플러스처럼 매월 일정 금액을 지불하고 이용하는 구독형SVOD 모델과 (2) 광고를 시청하는 대신 요금을 지불하지 않는 광고형AVOD 모델이다. 우리에겐 다소 낯설지만 로쿠TV나 플루토TV가 대표적이다. 로쿠TV는 구글의 크롬캐스트 같은 디바이스(로쿠 플레이어Roku player)인데 미국 전체 가구의 4분의 1이 보유하고 있을 만큼 미국에서는 단연 톱 브랜드다. 플루토TV는 미국 CBS와 MTV, 파라마운트픽처스를 소유하고 있는 바이어컴이 2019년 2월 3억 4,000만 달러(약 4,100억 원)에 인수한 프리 TV 서비스다.

물론 SVOD와 AVOD 모델을 혼합한 하이브리드 모델도 있다. 대표적인 서비스가 NBC유니버설의 피콕TV다. 피콕TV는 광고를

OTT 서비스 유형

구독형 (SVOD)	NETFLIX	amazon Prime	hulu	Disney+	Quibi
혼합형 (SVOD+AVOD)	peacock				
광고형 (AVOD)	Roku TV	pluto tv	IMDb	VUDU	CRACKLE / XUMO

시청하고 무료로 볼 수 있는 기본 상품과 월 9.99달러를 지불하고 광고 없이 시청하는 프리미엄 버전 외에도 광고를 시청하면서 월 4.99달러를 지불하면 무료 버전보다는 더 많은 콘텐츠를 제공하는 하이브리드 모델을 추가시켰다.

홀루와 퀴비도 광고를 시청하는 상품과 광고를 보지 않아도 되는 상품이 있지만 피콕과 달리 무료 상품은 없고 비교적 저렴한 월정액 요금(홀루 5.99달러, 퀴비 4.99달러)을 엔트리 가격으로 책정하고 있다. 홀루와 퀴비 모두 광고를 시청하지 않고 콘텐츠를 이용하려면 각각 6달러와 3달러를 추가 지불해야 한다. 미디어 그룹이 대부분 SVOD 구독형 OTT와 AVOD 광고형 OTT를 둘 다 소유하는 경우가 많다. AVOD OTT를 통해 가입자를 확보하고 코드 커팅을 대비할 수 있고 SVOD OTT를 통해 오리지널 콘텐츠를 제공함으로써 안정적인 제작과 수입을 확보할 수 있기 때문이다. 범용성의 OTT(AVOD)와 특화된 브랜드 OTT(SVOD)를 모두 확보하는 전략을 취하는 것이다.

2020년 6월 기준으로 넷플릭스는 1억 9,000만 가입자를 돌파했고 뒤를 이어 2019년 11월에 런칭한 디즈니플러스가 5,750만 가입자를 돌파하면서 훌루(3,550만)와 ESPN플러스(850만)는 1억 명을 넘어섰다. 국내 OTT 대표 서비스인 웨이브가 200만 가입자(유료)인 것과 비교하면 엄청난 규모다.

무엇보다 코로나–19로 OTT 서비스 경쟁은 더욱 치열해졌다. 학생은 학교에 가지 못하고 직장인조차 재택근무로 인해 집에 머무르는 시간이 많아져 동영상의 이용량은 그만큼 증가했고 가입자 경쟁도 치열해졌다.

그렇다면 비용을 지불하고 시청하는 SVOD 서비스와 무료로 이용할 수 있는 AVOD 서비스 중 무엇을 더 선호할까? 단기적으로는 AVOD 서비스가 쉽게 이용자를 늘릴 수 있으나 무료라는 특성 때문에 언제든지 이탈할 가능성도 존재한다. 반면 SVOD 서비스는 비용 지불이라는 장벽이 있지만 오리지널 콘텐츠를 시청하기 위해서 그만큼의 대가를 지불하기 때문에 충성도가 높아 안정적인 비즈니스 모델이 될 수 있다.

국내의 경우 실시간 채널 무료 제공 등 다양한 마케팅을 통해 수백만의 무료 가입자를 확보해도 광고 매체로 매력이 없어 광고 매출을 일으키기 어려웠고 유료 가입자로의 전환도 10% 미만 수준이어서 SVOD OTT로서도 성공하지 못했던 시기가 있었다. 이런 문제로 현재는 웨이브와 티빙 모두 무료 가입자 양산보다는 월정액, 유료 SVOD 모델을 사업 모델로 하고 있다.

2장

넷플릭스
오리지널의 힘

불과 몇 년 전만 하더라도 넷플릭스 하면 〈하우스 오브 카드〉가 연상될 정도로 넷플릭스는 〈하우스 오브 카드〉를 보기 위해서 가입했다고 해도 과언이 아니었다. 미국뿐 아니라 전 세계가 미국 정치계와 권력의 암투와 계략을 그린 〈하우스 오브 카드〉에 열광했고 우리나라도 예외는 아니었다. 2013년 2월 1일 넷플릭스가 공개한 〈하우스 오브 카드〉는 여러모로 시사하는 바가 컸다.

앞서 소개한 넷플릭스의 성공 요인과 일부 겹치는 내용이지만 〈하우스 오브 카드〉의 성공 요인은 콘텐츠 그 자체의 성공인 만큼 상당한 의미가 있기에 다시 한 번 짚어보도록 하겠다.

(1) 빈지 워칭, 즉 몰아보기의 열풍을 몰고 왔다. 그동안 모든 방송사는 편성이라는 개념을 절대적인 것으로 여겨왔다. 일주일에 한 편 또는 두 편 정도를 편성해서 시청자에게 제공해왔는데 넷플

넷플릭스의 〈하우스 오브 카드〉

릭스의 〈하우스 오브 카드〉는 50분 내외의 시즌 1 전체 13편을 같은 날 공개했다. 이로 인해 시청자는 매주 다음 에피소드를 손꼽아 기다리는 수고 대신 밤새워 드라마 전체를 몰아보는 짜릿한 고통을 감수했다. 현재는 국내의 많은 시청자가 드라마를 일부러 본방송으로 보지 않고 일정 분량이 쌓일 때까지 기다렸다가 OTT 서비스에서 몰아보는 현상이 일반화되었다.

(2) 지상파 또는 대형 케이블TV가 아닌 OTT 서비스에서 천문학적인 제작비를 들여 대작을 탄생시킨 것이다. 〈하우스 오브 카드 시즌 1〉의 제작비는 1억 달러(약 1,200억 원) 이상 들었다고 한다. 총 13편을 제작했으니 편당 제작비가 최소 92억 원이 넘는 어마어마한 규모의 드라마인 셈이다. 다소 무리일지라도 국내 드라마와 비교해보면 〈하우스 오브 카드〉가 방송된 2013년 기준으로 국내 드라마 제작비는 평균 2억 원, 대작도 편당 4억 원 수준이니 최소 20배 이상에서 많게는 40배 이상의 차이가 났다.

(3) OTT 서비스 드라마로는 최초로 71회 골든글로브를 수상했다. 골든글로브는 아카데미상과 함께 미국 양대 시상식으로 할리우드외신기자협회HAPA가 수여하는 상이다. 1943년 설립한 HAPA가 1944년부터 영화와 TV 프로그램에 시상을 해왔는데 영화 14개, TV 11개 부문에 시상을 한다. 2020년 1월에 열린 77회 골든글로브 시상식에서 봉준호 감독의 〈기생충〉이 최우수외국어영화상을 수상한 바로 그 시상식이다.

2014년 71회 시상식에서 〈하우스 오브 카드〉는 TV 드라마 부문으로 작품상, 여우주연상, 남우주연상에 후보를 올렸고 클레어 언더우드 역을 맡은 로빈 라이트Robin Wright가 여우주연상을 받았다. 상도 상이지만 OTT가 제공하는 드라마가 TV 부문에서 인정받았다는 것만으로 〈하우스 오브 카드〉는 TV 드라마 부문에 한 획을 그었다고 할 수 있다. 〈하우스 오브 카드〉는 72회 골든글로브에서도 TV 드라마 부문 남우주연상(케빈 스페이시)을 받는 등 흥행을 이어갔다.

(4) 여기에 더해 〈하우스 오브 카드〉는 OTT 플랫폼 사업자의 '성공' 필수 요소로 '오리지널 콘텐츠'가 필요하다는 성공 방정식을 구축했다. OTT 서비스가 이미 제작된 콘텐츠(영화나 드라마)를 온라인을 통해 재전송하는 것이 아니라 플랫폼과 오리지널 콘텐츠를 결합한 '스테이션 원Station One'을 구축해야 성공할 수 있다는 것을 보여준 셈이다.

넷플릭스는 〈하우스 오브 카드〉 이후 2014년 〈마르코 폴로〉, 2015년 〈센스 8〉과 〈나르코스〉, 2016년 〈기묘한 이야기〉 등 미국 내에서 오리지널 콘텐츠 제작 확대에 박차를 가했다. 나아가 2016년 프랑스 〈마르세유〉, 영국 〈더 크라운〉, 브라질 〈3%〉, 2017년 멕시코 〈언거버너블〉, 독일 〈다크〉, 스페인 〈마드리드 모던 걸〉, 이탈리아 〈수부라〉 등 각국에서 오리지널 콘텐츠 제작과 확보에 공을 들였다. 2015년부터는 드라마뿐 아니라 〈데어데블〉 같은 마블 시리즈와 시트콤·영화·애니메이션·다큐멘터리 등 전 장르에 걸쳐 오리지널 콘텐츠 확보를 본격화했다.

넷플릭스의 콘텐츠 확보 방식은 콘텐츠에 직접 제작·투자하는 방식의 오리지널 콘텐츠를 확보하는 것과 선투자를 통해 콘텐츠를 독점 공급받는 익스클루시브 콘텐츠Exclusive contents를 확보하는 두 가지 방식이 있다. 2017년 봉준호 감독의 단편 영화 〈옥자〉는 콘텐츠 제작에 직접 투자하고 넷플릭스(플랫폼)를 통해 제공하는 오리지널 콘텐츠이고 2018년 김은숙 작가, 이병헌·김태리 주연의 드라마 〈미스터 션샤인〉은 tvN에 선투자를 통해 방송 후 VOD를 독점 공급받은 익스클루시브 콘텐츠다.

넷플릭스의 오리지널 콘텐츠 힘은 결국 폭발적인 가입자 확보로 연결됐다. 2014년 1분기 넷플릭스 가입자는 4,800만 명(미국 3,500만 명＋글로벌 1,300만 명)이었는데 2015년 4분기 기준으로 약 56%가 성장한 7,500만 명으로 증가됐다. 특히 글로벌 오리지널 콘텐츠 제작이라는 현지화 전략에 힘입어 미국을 제외한 글로벌 가입자는 1,300만 명에서 3,000만 명으로 230% 이상 성장했다.

역시 미디어 산업은 규모의 경제다. 넷플릭스의 2020년 1분기 가입자는 직전 분기보다 1,580만 명이 증가한 1억 8,300만 가입자를 넘어섰다. 이는 넷플릭스가 예상한 700만 명보다 2배가 넘은 기대 이상의 실적으로 넷플릭스의 오리지널 콘텐츠가 코로나-19 시기에 폭발적인 성과를 낸 것이다.

하지만 넷플릭스도 디즈니플러스와 애플, HBO MAX, 피콕 등 강력한 경쟁자가 속속 등장하자 20조 원 규모를 콘텐츠에 투자하기로 전략을 세우고 그중 절반인 10조 원가량을 오리지널 콘텐츠를 만드는 데 쓰기로 했다. 콘텐츠 투자 규모 확대와 달리 넷플릭스의 신규 콘텐츠 수는 10년 전에 비해 2,000편가량 감소*했는데 이러한 현상은 넷플릭스가 콘텐츠 구매 비중을 줄이고 오리지널 콘텐츠 투자를 강화하고 있기 때문으로 해석된다. 물론 이러한 넷플릭스의 전략 변화는 강력한 콘텐츠 제작 스튜디오를 보유하고 있는 경쟁사들의 콘텐츠를 구매하기 어려워졌기 때문이기도 하다.

---

* 스트리밍 서비스 검색 엔진 릴굿(Reelgood)에 따르면 넷플릭스는 2010년 총 7,285편의 콘텐츠를 제공했지만 2020년에는 5,838편을 제공했다고 한다.

시청자를 유혹하는
시리즈 콘텐츠 파워

HBO 〈왕좌의 게임〉, 넷플릭스 〈하우스 오브 카드〉, AMC 〈워킹 데드〉, CBS 〈빅뱅이론〉과 tvN 〈막돼먹은 영애씨〉의 공통점은 무엇일까? 드라마의 규모·내용으로는 공통점을 찾기 어렵겠지만 아는 사람은 아는 '시리즈 드라마'라고 쉽게 답할 수 있을 것이다. 미국 드라마와 한국 드라마의 가장 큰 차이점 중 하나는 시리즈물 콘텐츠라 할 수 있다. 시리즈물은 강력한 팬덤을 형성하므로 방송 채널 사업자나 방송 플랫폼 사업자(OTT 서비스 사업자 포함) 모두에게 사업 경쟁력을 향상시키는 주요한 수단일 뿐 아니라 절대적인 가치가 되고 있다. 그래서 미국의 드라마는 초기 단계부터 시리즈물을 기획하고 제작한다. 미국에서 HBO는 케이블TV 기본 상품을 가입하고도 추가 비용 14.99달러(약 1만 8,000원)를 지불해야 볼 수 있는 프리미엄 유료 채널이다. 그런데도 3,460만 명(2019년 12월 31일 기준)의 가입자를 확보하고 있다. 이러한 HBO 가입자의 힘은 독보적인 오리지널 콘텐츠 〈왕좌의 게임〉에서 나온다고 해도 과언이 아니다.

〈왕좌의 게임〉은 조지 R. R. 마틴의 원작인 《얼음과 불의 노래 A Dance of Fire and Ice》를 바탕으로 데이비드 베니오프David Benioff와 D. B. 와이스가 제작하고 HBO가 방영한 판타지 장르의 TV 시리즈다. 2011년 4월 〈왕좌의 게임 시즌 1〉을 선보인 이후 2019년까지 매년 새로운 시즌을 방송하면서 화제를 몰고 다닌 최고의 시리즈 드라마로 평가받아왔다. 많은 사람이 〈왕좌의 게임〉을 보기 위해 HBO를 가입한다는 말이 있는데 가입자 현황을 보면 그저 말뿐은 아닌 것을 알 수 있다.

다음의 그림을 보면 〈왕좌의 게임〉 시즌 6과 시즌 7이 방영되는 동안 HBO의 가입자는 급증했다. 특히 2017년 7월 시즌 7이 방송될 때는 방송 전과 비교하면 무려 91%가 증가했다고 하니 오리지널 콘텐츠의 위

드라마 〈왕좌의 게임〉 포스터

드라마 〈왕좌의 게임〉에 따른 HBO 가입자 변화 추이

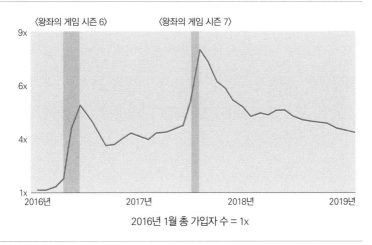

〈왕좌의 게임 시즌 6〉 〈왕좌의 게임 시즌 7〉

2016년 1월 총 가입자 수 = 1x

출처: Second Measure

력을 새삼 느낄 수 있다. 재미있는 것은 〈왕좌의 게임〉 전 시즌은 미국 불법 다운로드 콘텐츠에서도 1위를 놓친 적이 없다. 다만 이런저런 이유로 이렇게 증가한 가입자가 지속적으로 유지되지 못하고 있다는 점이 아쉽다. 이 부분은 6장에서 이야기해보자.

또 다른 방송사인 CBS의 시트콤 〈빅뱅이론The Bing Bang Theory〉도 2007년 9월 방송을 시작으로 2018년까지 무려 11년 동안 12시즌, 총 279개의 에피소드를 방송했다. 시즌 1은 평균 시청자 수가 약 830만 명이었지만 시즌 2는 1,000만 명, 시즌 7은 1,900만 명을 넘어 2,000만 명에 육박했을 정도로 인기가 있었다.

프롤로그에서 밝힌 것처럼 2020년 1월 뉴욕 타임스퀘어를 방문했을 때 타임스퀘어의 전광판은 OTT의 전쟁터와 같았다. CBS도 예외는 아니었다. CBS 올엑세스에서 서비스하는 〈스타트렉〉을 집중적으로 홍보하고 있었다.

〈스타트렉〉은 1966년 처음 방송된 SF 드라마로 총 727편이라는 방대한 에피소드를 만들어냈고 TV 드라마 외에 극장용 영화도 12편이나 만들어진 초킬러 콘텐츠다. CBS가 새로운 〈스타트렉〉을 TV가 아닌 OTT 서비스인 CBS 올엑세스를 통해서만 제공하고 있는 것은 미국 미디어 기업이 OTT 서비스 전쟁에 얼마나 적극적인지, 시리즈 드라마가 얼마나 강력한 무기인지 보여주는 단면이라고 할 수 있다. 이러한 시리즈 드라마의 강력한 힘을 알기 때문에 넷플릭스도 〈하우스 오브 카드〉 이후 끊임없이 오리지널 시리즈 드라마를 제작하고 스트리밍으로 서비스하고 있다.

〈스타트렉: 피카드〉 광고

2013년 〈하우스 오브 카드〉의 성공 이후 넷플릭스가 내놓은 또 하나의 대작 〈마르코 폴로〉는 넷플릭스의 꿈을 보여주었던 콘텐츠였다. 〈마르코 폴로〉는 13세기 베네치아 상인의 아들로 태어난 이탈리아 탐험가 마르코 폴로가 13세기 몽골 제국 5대 칸인 쿠빌라이 칸

넷플릭스의 주요 오리지널 시리즈 드라마(2013~2018)

연도	시리즈 드라마	제작 분량	장르	제작국
2013	〈하우스 오브 카드〉	시즌 6(총 73회)	정치	미국
	〈오렌지 이즈 더 뉴 블랙(Orange is the New Black)〉	시즌 7(총 91회)	코미디	미국
2014	〈마르코 폴로(Marco polo)〉	시즌 2(총 20회)	역사물	미국
2015	〈블러드라인(Bloodline)〉	시즌 3(총 33회)	스릴러	미국
	〈센스 8(Sense8)〉	시즌 2(총 24회)	SF	미국
	〈나르코스(Narcos)〉	시즌 3(총 30회)	범죄	미국
2016	〈마르세유(Marseille)〉	시즌 2(총 16회)	정치	프랑스
	〈기묘한 이야기(Stranger Things)〉	시즌 3(총 25회)	SF/호러	미국
	〈더 크라운(The Crown)〉	시즌 3(총 30회)	역사물	영국
2017	〈루머의 루머의 루머(13 Reasons Why)〉	시즌 4(총 49회)	하이틴/미스터리	미국
	〈마드리드 모던걸(Las chicas del cable)〉	시즌 5(총 42회)	역사물	스페인
	〈다크(Dark)〉	시즌 3(총 26회)	SF	독일
2018	〈나르코스: 멕시코(Narcos: Mexico)〉	시즌 2(총 20회)	범죄	미국
	〈수호자(The Protector)〉	시즌 4(총 32회)	드라마	터키
	〈엘리트들(ELITE)〉	시즌 3	하이틴/스릴러	스페인

＊ 2019년과 2020년 드라마는 대부분 1개 시즌이 방송된 상태여서 제외했다.

의 궁궐에서 겪은 이야기를 다룬 드라마다. 1962년에 알랭 들롱이 주연으로 출연해 이탈리아와 프랑스가 합작해 만든 영화의 이야기

(스토리)이고 1982년 이탈리아 RAI TV*에서 8편의 미니시리즈로, 2007년 미국에서도 3부작 TV 시리즈로 만들어졌던 이야기다. 이렇게 세 차례나 유럽과 미국에서 제작되었지만, 영화나 드라마 모두 흥행에는 성공하지 못했는데 이를 두고 전문가들은 13세기 동서양의 충돌이라는 실화가 서양 관객에게 낯설게 느껴졌기 때문이라고 하기도 했다.

그럼에도 넷플릭스는 〈마르코 폴로〉 스토리에 약 9,000만 달러(약 1,000억 원)를 투입하며 총 10편의 시리즈 드라마를 만들어 2014년 12월 12일에 〈하우스 오브 카드〉와 마찬가지로 10편 모두 동시에 공개했다. 그러면서 〈마르코 폴로〉는 '세계는 충돌할 것이다WORLDS WILL COLLIDE'라는 카피 문구를 포스터 전면에 내세웠다. 넷플릭스가 보여주고 싶은 세계의 충돌은 13세기 유럽을 정복·통치하면서 동아시아 국가로는 처음으로 '해가 지지 않는 나라'를 보유한 몽골의 이야기만은 아니었을 것이다. HBO의 핵심 킬러 콘텐츠인 〈왕좌의 게임〉을 철저히 분석해 제2의 '왕좌의 게임'을 꿈꿨던 넷플릭스는 콘텐츠 자체의 성공과 동시에 〈마르코 폴로〉를 통해 넷플릭스의 세계 진출을 꿈꿨을 것이다. 물론 이러한 넷플릭스의 꿈은 이뤄져 미국을 제외하고도 전 세계 1억 명 이상의 가입자를 통해 넷플릭스 왕국을 만들었고 '세계가 충돌할 것'이라는 카피

---

* 이탈리아 전 지역을 방송 대상으로 하는 이탈리아의 공영방송으로 유럽에서 다섯 번째로 큰 규모의 방송사다. RAI는 1944년 2차 세계대전 종전 이후 'Radio Audizioni Italiane'에서 따온 명칭이었으나 1954년 텔레비전 방송을 시작하면서 지금의 'Radiotelevisione Italiana'(www.rai.it)로 변경했다.

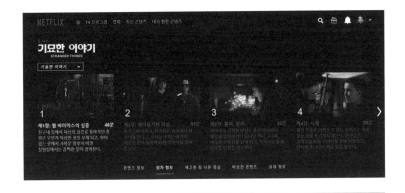

문구처럼 다른 OTT 사업자들과 끊임없는 전쟁에 놓이게 되었다. 결론적으로 〈하우스 오브 카드〉는 사업을 시작한 미국에서 위기의 넷플릭스를 구해준 오리지널 시리즈였다면 〈마르코 폴로〉는 넷플릭스를 세계화로 이끈 오리지널 시리즈가 된 셈이다.

2017년 구글에서 TV 드라마로 가장 많이 검색된 콘텐츠가 넷플릭스의 〈기묘한 이야기〉*다. 넷플릭스 오리지널 시리즈로 제작된 〈기묘한 이야기〉는 미국이 가장 잘 만든다는 SF+미스터리 스릴러물 장르로 2016년 7월, 시즌 1의 8개 에피소드가 동시에 공개됐다. 1980년대 미국 인디애나주의 작은 마을, 호킨스에서 소년이 사라지고 이후 정체불명의 미스터리 소녀가 나타나고, 마을에서 초자연적 현상이 겹쳐 일어나면서 정부의 비밀 실험 실체를 알고 맞선

---

* 원제 'Stranger Things'와 다소 다른 한국어 제목은 기존에 존재한 일본의 드라마·영화 〈기묘한 이야기(世よにも奇妙きみょうな物語ものがたり)〉 때문이라는 설이 있다.

2020년 에미상 작품상 후보

에미상 작품상 후보	콘텐츠 방영사
〈베터 콜 사울(Better Call Saul)〉	AMC
〈킬링 이브(Killing Eve)〉	BBC America
〈오자크(Ozark)〉	넷플릭스
〈기묘한 이야기〉	넷플릭스
〈연속(Succession)〉	HBO
〈더 크라운〉	넷플릭스
〈핸드메이즈 테일(The Handmaid's Tale)〉	훌루
〈만달로리안(The Mandalorian)〉	디즈니플러스

다는 스토리다.

〈기묘한 이야기〉는 2016년 시즌 1에 이어 2017년 10월 시즌 2, 2019년 7월 시즌 3가 공개되었는데 시즌 1과 시즌 2 모두 TV 드라마 부문에서 구글 검색 1위에 올랐다. 전 세계에서 제작된 수많은 드라마 속에서 2년 연속으로 1위 콘텐츠가 된다는 것이 쉬운 일이 아니다. 단순히 자극적인 소재를 통해 단발성 화제로 그치지 않는 대중성과 작품성이 수반되어야 하는 일이다. 이러한 측면에서 〈기묘한 이야기〉는 그 공식을 잘 보여주고 있다. 〈기묘한 이야기〉는 TV 부문 최고의 시상식인 에미상 '프라임타임 크리에이티브 아츠' 부문*에서 2017년 5개 부문(캐스팅, 메인타이틀 디자인, 오리지널 메

---

* 캐스팅, 메인타이틀 디자인, 오리지널 메인타이틀 음악, 드라마 편집, 음향 편집 등 보이지 않는 곳에서 TV 시리즈를 완성하는 기술 부문을 기리는 것이다. 본 행사 하루 전에 시상한다.

인타이틀 음악, 드라마 편집, 음향 편집)을 수상한 데 이어 2020년에는 최고작품상 후보로 올라 작품성도 인정받게 되었다.

　TV 부문의 오스카상이라고 불리는 에미상은 많은 화제를 낳는 제작사와 드라마 작품의 전쟁터와 같다. 총 137개 후보를 냈던 HBO가 2019년 에미상(71회)의 주역이었다면 2020년 에미상(72회)은 단연 넷플릭스의 독무대라 할 수 있었다. 넷플릭스는 2019년 HBO의 최다 후보 기록을 깨고 2020년 에미상에서 총 160개의 후보를 배출했고 총 8편만이 오르는 작품상 후보에 〈기묘한 이야기〉, 〈더 크라운〉, 〈오자크〉 총 3편의 작품을 동시에 올리는 성과를 보여줬다. 재미있는 현상을 추가하면, 2020년 에미상의 작품상 후보에 디즈니플러스의 〈만달로리안〉, 훌루의 〈핸드메이즈 테일〉 등이 함께 후보에 오르면서 전체 8편 중 5편이 OTT 사업자의 작품으로 선정, OTT가 TV 작품을 역전하며 대세로 자리 잡고 있음을 보여주었다.

막대한 투자비를 등에 업은 넷플릭스 오리지널 영화

넷플릭스의 오리지널 콘텐츠 제작은 TV 드라마에 머무르지 않는다. 넷플릭스는 이제 영화 콘텐츠로 진출하며 '영화계의 큰손'이 되고 있다. 2018년 12월 16일 〈뉴욕타임스NYT〉는 넷플릭스가 오리지널 콘텐츠 강화 방안의 하나로 연간 90여 편의 오리지널 영화를 제작할 계획이라고 보도했다.

넷플릭스의 오리지널 영화 책임자 스콧 스터버Scott Stuber가 2019년 계획을 발표하면서 최소 2,000만 달러(약 240억 원)에서 최고 2억 달러(약 2,400억 원)를 투자해 드라마·영화 20여 편을 제작할 것이라고 했다. 이와 함께 편당 2,000만 달러 미만인 약 35편의 인디 영화도 제작한다는 계획을 발표한 것이다.

넷플릭스가 오리지널 영화 콘텐츠 제작을 위해 추진한 첫 번째는 제작 총괄을 담당할 적임자를 찾는 것이었다. 영화 제작에 경험이 없던 넷플릭스는 사업 전반을 책임지고 운영하려면 영화 제작 경험이 있고 넷플릭스의 혁신 전략을 수용할 수 있는 사람을 찾아야 했다. 스콧 스터버는 유니버설픽처스의 임원으로 일하다 2017년부터 넷플릭스의 영화 부문 책임자로 일하고 있는 넷플릭스의 핵심 인력이다. 영화감독이자 작가이면서 배우였던 스콧은 넷플릭스로 오기 전 바이어컴으로부터 영화 제작·배급사인 파라마운트픽처스 회장 자리에 적극 구애를 받았으나 서랜도스의 설득으로 넷플릭스행을 결정했다. 서랜도스가 스콧을 설득한 포인트는 앞으로 영화계에서 펼쳐질 미래와도 같았다.

서랜도스는 스콧에게 넷플릭스 오리지널 영화 책임자가 파라마운트 회장보다 더 나은 직업이 될 수 있다면서 이유를 "넷플릭스는 영화 산업에서 경쟁력을 갖추기 위해 자금을 쏟아부을 준비가 되어 있고, 열정적인 회사에서 새로운 버전의 영화 스튜디오를 만들 수 있는 혁신적인 추구Disruptive pursuit가 될 것을 확신한다"라고 설득했다. 그러면서 파라마운트의 자금 조달 능력에는 의문을 제기한 반면 넷플릭스는 주요 스타와 감독, 에이전트에 대한 실질적인 대안으로 경쟁자를 이길 수 있는 자원이 있다고 설득했고 결국 스콧을 영입하게 되었다.[1]

스콧 스터버를 영입할 당시 넷플릭스의 한 책임자는 "스콧은 영화계에서 잘 알려진 존경받는 인물이다. 그의 혁신적인 작업과 강력한 재능은 우리가 영화 산업에서 가장 위대한 감독·배우·작가들과 함께 거대한 글로벌 프로덕션의 새로운 국면에 접어들면서 넷플릭스 오리지널 영화 플랜을 가속화하는 데 도움이 될 것이다"라고 밝혔다.

이때부터 영화계에서는 메릴 스트립, 산드라 블록, 벤 애플렉, 에디 머피 같은 거물급 영화계 스타들이 대형 스크린(영화)이 아니라 거실의 작은 화면(넷플릭스)에 등장할 것이라는 소문이 돌게 됐다. 넷플릭스로 이적한 스콧 스터버는 SF 공포, 스릴러 영회 〈클로버필드〉와 〈혹성탈출〉 시리즈 2·3편을 연출한 맷 리브스 감독을 영입하는 데 성공했다. 그러면서 스콧 스터버는 불과 2년 만에 영화제작사로서 넷플릭스와 다른 영화제작사와의 수준을 현격히 좁혀 놓았다.

〈와호장룡: 운명의 검〉(2016)과 〈브라이트BRIGHT〉(2017)를 거쳐 2018년 넷플릭스 오리지널 영화로 스콧 스터버가 참여하고 알폰소 쿠아론 감독이 제작한 〈로마〉*는 이후 넷플릭스가 투자한 영화에 비하면 비교적 적은 금액인 1,500만 달러(약 180억 원)가 투입된 영화지만 2018년 75회 베니스국제영화제에서 황금사자상을 수상했다. 이 영화로 2019년 아카데미 시상식에서는 출품작 중 가장 많은 10개 부문 후보에 오르며 감독상, 외국어영화상, 촬영상 등 3개 부문을 석권해 넷플릭스 오리지널 영화의 작품성을 전 세계에 알리는 신호탄이 되었다.

---

* 멕시코시티 내에 있는 로마(Roma)를 배경으로 한, 가정부의 시선으로 바라본 중산층 가족의 삶을 생상하게 전달한 영화.

〈로마〉가 작품성으로 성공한 영화였다면 산드라 블록 주연의 〈버드 박스Bird Box〉는 넷플릭스의 최고 시청 기록을 갱신한 영화다. 〈버드 박스〉는 2018년 12월 13일 넷플릭스를 통해 개봉해 첫 주에 조회 수 4,500만을 돌파했고 2019년에는 누적 시청자 수 8,000만 을 기록하며 '버드 박스 챌린지'라는 신드롬까지 만들어냈다. 〈로 마〉와 마찬가지로 현재 넷플릭스 제작비에 비하면 다소 저렴한 1,980만 달러(약 237억 원)를 들여 제작했지만, 〈버드 박스〉는 넷플 릭스로서 톡톡히 흥행을 봤던 오리지널 콘텐츠 영화다.

2018년까지 비교적 저렴한 제작비로 영화를 만들었던 넷플릭스 는 2019년 자금력을 앞세워 대작 〈아이리시맨〉을 공개했다. 영화 〈아이리시맨〉은 1억 5,900만 달러(약 1,908억 원)의 제작비를 들여 제작했다. 영화 판권은 원래 바이어컴CBS의 자회사 파라마운트 픽처스가 소유하고 있었으나 막대한 제작비로 배급을 포기하면서 넷플릭스로 판권이 넘어왔다. 파라마운트픽처스의 회장 자리를 제 안받았던 넷플릭스 영화 최고책임자인 스콧 스터버에게 꽤나 묘한 기분을 안겨줬을 영화다.

넷플릭스는 2017년 약 40편의 오리지널 영화를 제작해오다가 2018년 70편, 2019년 74편으로 그 수를 급격히 늘렸다. 오리지널 영화를 제작·배급하면서 자체 제작은 물론 많은 영화사와 손을 잡 으며 영화 생태계에서 존재감을 드러내고 있었다.

넷플릭스는 생태계를 구축하고 그 생태계에 유리한 위치를 선 점하면서 선순환 사이클을 돌리려 노력한다. 2019년 〈두 교황〉처럼 직접 제작·배급하는 영화부터 중급 영화 제작사는 물론이고 〈미션 임파서블〉, 〈잭 리처〉, 〈터미네이터〉 같은 무게감 있는 제작사 '스카이댄스미디어'로부터 《6 언더그라운드》, 〈올드 가드〉를 오리지널 콘텐츠로 확보하는 것은 물론 심지어 향후 경쟁사라 불릴 만한 파라마운트픽처스(《클로버필드 패러독스》, 2018), 유니버설픽처스(《익스팅션》, 2018; 〈하이웨이맨〉, 2019), 워너브라더스(《모글리: 정글의 전설》, 2018)를 통해서도 오리지널 영화를 수급하고 있다. 국내에도 2017년 〈옥자〉 이후 미스틱스토리(《페르소나》, 2019)와 싸이더스(《사냥의 시간》, 2020)를 통해 한국 영화를 확보하고 영국·스페인·오스트레일리아·브라질 등 세계 각국의 제작사를 통해서도 넷플릭스 오리지널 영화를 확보하고 있다.

봉준호와 〈옥자〉를 통해 본 넷플릭스의 현지화 전략

2016년 넷플릭스는 한국에서 오리지널 콘텐츠를 확보하기 위해 봉준호 감독을 선택했다. 2019년 개봉한 영화 〈기생충〉으로 2020년 2월 92회 미국 아카데미 시상식 4관왕(작품상·감독상·각본상·국제장편영화상)에 오르며 더 유명해진 봉준호 감독은 〈살인의 추억〉(2003), 〈괴물〉(2006), 〈설국열차〉(2013) 등 대한민국 영화사에 굵직굵직한 작품을 남긴 감독이었기에 넷플릭스가 선택할 감독으로서 손색이 없었다. 하지만 넷플릭스의 전략에 고개를 갸우뚱하는 사람들이 적지 않았다.

2016년 1월 한국 시장에 진출한 넷플릭스는 현지화 전략에 따라 한국에서 만든 오리지널 콘텐츠를 찾았다. 첫 작품이 봉준호 감독의 〈옥자〉였다. 넷플릭스는 〈옥자〉를 제작하는 데 5,000만 달

영화 〈옥자〉 포스터

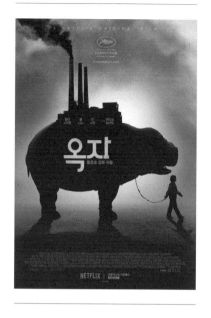

러(당시 환율 기준으로 약 570억 원)를 투자하기로 했다. 이는 2016년 개봉해 흥행에 성공한 한국 영화 〈군함도〉 약 270억 원(관객 659만), 〈택시운전사〉 약 150억 원(관객 1,219만), 〈더킹〉 약 100억 원(관객 532만)과 비교하면 얼마나 큰 규모인지 알 수 있다. 그러면서도 넷플릭스는 '한국 콘텐츠의 세계화, 4K UHD 고품질 제작에 걸맞은 작품을 원하고 무엇보다 자유로운 환경에서 제작할 수 있다는 점'을 강조하기도 했다.

영화 〈옥자〉를 극장에 개봉하고 넷플릭스에 스트리밍할 당시인 2017년 한국 내 가입자는 10만 명에도 못 미친 것으로 알려져 있다. 넷플릭스의 월정액 평균 요금을 1만 원이라 했을 때, 넷플릭스는 한국에서 발생하는 매출의 57개월 이상을 오리지널 콘텐츠 한 편에 투자한 것이다. 한국의 어떤 투자자도 하지 못했던 그리고 하지 못할 일을 넷플릭스가 실행한 것이다.

영화 〈옥자〉는 국내 극장 관객 32만 명이라는 어찌 보면 초라한 성적표를 받았다. 하지만 그럴 수밖에 없는 이유가 있었다. 영화 〈옥자〉에 투자한 넷플릭스가 처음부터 온라인 스트리밍과 오프라인 극장에 동시 개봉하기로 한 것에 대해 대기업이 갖고 있었던 멀티플렉스 영화관이 반발해 결국 단관(1개의 스크린)과 예술 극장 위주로 영화를 개봉했기 때문이다. 여기까지만 보면 넷플릭스가 막대한 자금을 투자한 전략에 대한 사람들의 우려가 맞는 듯했다. 그러나 한국 내에서 초라한 성적표에도 불구하고 넷플릭스는 그들이 5,000만 달러를 투자하고 선택한 한국 영화의 거장 봉준호 감독으로 인해, 그리고 멀티플렉스 영화관의 한바탕 소동으로 인해 한국 내에서 '넷플릭스' 홍보 효과를 톡톡히 누렸다.

와이즈앱에 따르면 2017년 6월 29일 〈옥자〉 공개 2주 만에 국내 넷플릭스 가입자는 약 20만 명으로 공개 전주 대비 106%가 성장했다고 한다. 2주 만에 1년 6개월 동안 모집한 가입자보다 많은 수를 넷플릭스로 끌어들인 것이다. 물론 넷플릭스의 성적표는 여기서 정체하지 않았다. 결국 봉준호 감독의 〈옥자〉는 2020년 넷플릭스 한국 내 가입자 200만 명을 넘어 OTT 1위 사업자가 되는 시발점이 되었고 넷플릭스의 전략이 틀리지 않았다는 것을 증명한 셈이 되었다.

한국 드라마 시장의 판도를 바꾼
〈미스터 션샤인〉

〈옥자〉 이후에도 넷플릭스의 한국 현지화 전략은 계속되고 있다. 넷플릭스의 콘텐츠 수급 전략은 '오리지널' 콘텐츠 확보 또는 '독점 판권(익스클루시브)' 확보라 할 수 있다. 영화 〈옥자〉나 코리아 좀비물 〈킹덤〉이 오리지널 콘텐츠 확보 전략이었다면 2018년 tvN 드라마 〈미스터 션샤인〉은 '익스클루시브' 전략이었다. 24부작으로 제작된 〈미스터 션샤인〉은 넷플릭스가 선투자해서 만들어진 초대형 한국 드라마로 1871년 신미양요 이후 1900년대 대한제국과 일제강점기를 배경으로 이야기가 전개되는 시대극이자 로맨스 드라마다.

드라마 시작 전부터 김은숙 작가, 이병헌·김태리·유연석·김민정·변요한 등 쟁쟁한 배우가 출연하면서 관심을 받았다. 거기에 회

당 제작비가 약 18억 원, 총제작비 430억 원으로 알려지면서 더욱 관심을 받았다. KBS가 공사 창립 기념으로 특별 기획해 2016년 방송한 드라마 〈태양의 후예〉의 제작비가 약 150억 원(16부작)으로 회당 제작비가 9억 원인 것을 감안하면 〈미스터 션샤인〉의 제작비는 무려 2배나 높아진 것이다. 당시 한국 방송 시장을 감안하면 감당하기 어려운 천문학적인 제작비다. 하지만 넷플릭스가 tvN에 300억 원을 선투자하고 한국을 제외한 글로벌 독점 판권을 확보하기로 하면서 한국 드라마 역사상 가장 큰 블록버스터급 드라마 〈미스터 션샤인〉을 제작하게 되었고 이로 인해 한국 드라마 제작 시장의 판도가 뒤바뀌게 되었다.

2018년 기준, 한국 드라마의 평균 제작비는 회당 4억 원 정도였다. 그래서 〈미스터 션샤인〉의 제작비가 회당 20억 원으로 책정됐을 때 대체 그 제작비를 어디에 써야 할지 모르겠다는 소문이 돌았다. 이병헌의 억대 출연료나 김은숙 작가의 억대 작가료를 지불해도 제작비에 여유가 있었다. 다른 제작자들에겐 부러움의 대상이었고 다른 방송사에서는 언감생심이었을 것이다. 넷플릭스의 과감한 선투자와 드라마의 폭발적인 성공으로 제작사 스튜디오드래곤은 400억 원이 넘는 제작비를 쓰고도 약 170억 원의 수익을 남길 수 있었다.

〈미스터 션샤인〉으로 한국 드라마 제작 시장에 변화의 물결이 몰려왔다. (1) 맨 먼저 제작비의 상승이다. 그동안 드라마의 주요 수익원은 방송 광고였다. 좋은 작품을 메인 방송사(KBS, MBC, SBS,

각 방송사의 텐트폴 콘텐츠 제작비 현황

작품	방송사	방송연도	총제작비(억 원)	제작 편수	회당 제작비(억 원)
〈미스터 션샤인〉	tvN	2018	430	24	18
〈알함브라 궁전의 추억〉	tvN	2018	200	16	13
〈이몽〉	MBC	2019	250	40	6
〈아스달 연대기〉	tvN	2019	500	18	28
〈나의 나라〉	JTBC	2019	200	20	10
〈베가본드〉	SBS	2019	250	16	15
〈사랑의 불시착〉	tvN	2020	256	16	16
〈이태원 클라쓰〉	JTBC	2020	128	16	8
〈더 킹: 영원의 군주〉	SBS	2020	320	16	20

출처: 신문 기사 종합

tvN, JTBC)에서 편성하면 그로 인해 광고 매출을 올리고, 시청률이 높으면 부가 매출(VOD 판매, 2차 유통, PPL 등)을 올리는 식이었다. 하지만 〈미스터 션샤인〉이 넷플릭스의 해외 판매를 통해서만 300억 원의 수익을 올리면서 제작사에게 넷플릭스는 함께 일하고 싶은 선망의 플랫폼이 되었고 방송사들도 초대형 드라마 제작을 기획할 수 있게 되었다. 이로 인해 그동안 4억 원 내외의 제작 시장이 수직 상승하면서 2020년 기준 평균 드라마 제작비는 8억 원까지 상승했다.

(2) 두 번째 변화는 수익원과 전략의 변화다. 이제 대작 드라마는 국내 방송 광고 판매를 최우선 목표로 하지 않는다. 오히려 넷플릭스를 통한 해외 판로를 염두에 두고 제작하게 되었다. 전 세계 190여 개국, 2억 명에게 전달되는 넷플릭스를 통해 한국 드라마 콘텐츠를 선보일 수 있기 때문이다. 〈미스터 션샤인〉의 수익 비중을 보면 광고 29%, 유통 46%로 유통 매출이 광고 매출을 압도한다. 과거와는 전혀 다른 양상이 된 것이다.

앱과 소매 시장 사용자 행태 분석 데이터를 제공하는 '와이즈앱/와이즈리테일'에 따르면 2020년 6월 기준, 아시아 국가별 넷플릭스 일간 톱 10 내에 한국 TV 프로그램이 4~8편을 차지하면서 상당한 영향력을 보이고 있는

〈미스터 션샤인〉 수익 Vs 제작비

구분	〈미스터 션샤인〉
광고	280억 원
유통	436(300)억 원
편성	240억 원
제작비	440억 원

것으로 나타났다. 특히 친親한류의 나라 베트남에서는 1위 tvN의 〈사이코지만 괜찮아〉를 비롯해 2위 JTBC 〈쌍갑포차〉, 3위 SBS 〈더 킹: 영원의 군주〉 모두 K-드라마가 차지하고 있다. 게다가 〈도깨비〉(2016)와 〈응답하라 1988〉(2015)이 각각 5위와 8위를 차지하는 등 최신 유행 드라마뿐 아니라 구작舊作 드라마도 베트남 시청자를 사로잡고 있다.

최근 한국과 사이가 좋지 않은 일본도 K-드라마 열풍이 예외가 아니다. 일본의 넷플릭스 가입자는 한국(약 300만)보다 약간 많은데 톱 10 내에 〈사랑의 불시착〉, 〈이태원 클라쓰〉, 〈사이코지만 괜찮아〉가 1~3위를 차지하면서 총 4편의 한국 드라마가 포진하고 있다. 한국 내 일본 콘텐츠 인기에 비하면 고무적인 현상이긴 하다. 일찍이 넷플릭스는 한국의 콘텐츠 제작 능력을 높이 평가했다.

넷플릭스가 2016년 한국에 런칭했을 때부터 그들은 한국을 직접 가입자를 모집하는 '미디어 마켓'으로만 생각하지 않고 한국 콘텐츠를 통해 중국과 동남아시아로 진출하는 '교두보'로 삼는 전략을 수립했다. 다음의 표는 이러한 넷플릭스의 전략이 주효했다는 반증이라 할 수 있다. 이제 K-콘텐츠 중심에는 넷플릭스가, 아시아 넷플릭스의 중심에는 K-콘텐츠가 있다고 해도 과언이 아닌 셈이다.

근래 들어 영화뿐 아니라 드라마 시장에서도 텐트폴Tent Pole이라는 용어를 자주 접하게 된다. 텐트를 받쳐주는 기둥을 뜻하는 텐트폴은 영화에서는 흥행 성공을 보장하는 간판 작품, 즉 1년 개봉 영화 중 가장 역량을 집중시킨 작품을 의미하고, 방송에서는 시

아시아 국가별 넷플릭스 일간 톱 10 내 한국 TV 프로그램

국가	프로그램 제목(순위)	편수
베트남	〈사이코지만 괜찮아〉(1위), 〈쌍갑포차〉(2위), 〈더 킹: 영원의 군주〉(3위), 〈도깨비〉(5위), 〈슬기로운 의사생활〉(6위), 〈투게더〉(7위), 〈응답하라 1988〉(8위), 〈사랑의 불시착〉(9위)	8
태국	〈사이코지만 괜찮아〉(1위), 〈쌍갑포차〉(2위), 〈도깨비〉(3위), 〈더 킹: 영원의 군주〉(4위), 〈투게더〉(7위), 〈닥터 프리즈너〉(8위)	6
대만	〈사이코지만 괜찮아〉(1위), 〈쌍갑포차〉(2위), 〈투게더〉(3위), 〈슬기로운 의사생활〉(4위), 〈더 킹: 영원의 군주〉(5위), 〈사랑의 불시착〉(9위)	6
필리핀	〈사이코지만 괜찮아〉(1위), 〈더 킹: 영원의 군주〉(4위), 〈쌍갑포차〉(6위), 〈사랑의 불시착〉(7위), 〈응답하라 1988〉(8위), 〈투게더〉(9위)	6
홍콩	〈사이코지만 괜찮아〉(1위), 〈쌍갑포차〉(2위), 〈투게더〉(3위), 〈더 킹: 영원의 군주〉(6위), 〈사랑의 불시착〉(10위)	5
싱가포르	〈사이코지만 괜찮아〉(1위), 〈투게더〉(2위), 〈쌍갑포차〉(3위), 〈더 킹: 영원의 군주〉(5위), 〈슬기로운 의사생활〉(10위)	5
일본	〈사랑의 불시착〉(1위), 〈이태원 클라쓰〉(2위), 〈사이코지만 괜찮아〉(3위), 〈더 킹: 영원의 군주〉(10위)	4

출처: 와이즈앱, 2020년 6월 기준

청룡의 기둥 역할을 할 수 있는 대표 프로그램으로 모든 작품에 대규모 제작비를 투자하기 어렵기 때문에 특히 역량을 집중해 대규모 제작비를 투입한 작품을 의미한다.

영화 시장에서는 텐트폴 영화를 특정 시기(여름과 겨울 방학 시즌)에 상영해 비수기 흥행 실패를 만회하는 전략으로, 드라마 시장에서는 각 방송사 또는 제작사의 텐트폴 드라마를 전략적으로 배치해 시청자를 지속적으로 해당 채널로 유도하는 전략을 사용한다. 드라마에서 텐트폴 전략은 〈미스터 션샤인〉 이후 두드러진다. 텐트폴 드라마 대부분은 이제 넷플릭스에 선판매를 통해 제작비의 상당 부분을 충당하고 이후 방송 광고 등을 통해 수익을 내는 등 그 동안 방송 광고 위주의 수익 구조를 탈피하고 있다.

(3) 드라마 소재의 다양성 증가 현상이다. 영화에서 다루기엔 분량이 많고, 방송 드라마에서 다루기엔 다소 힘들었던 소재들이 넷플릭스 오리지널 드라마로 공개되고 있다. 2020년 4월 넷플릭스 오리지널 드라마로 선보인 〈인간수업〉은 청소년의 성범죄를 소재로 제작됐다. 과거처럼 방송 편성을 목표로 제작되었다면 좀처럼 다루기 힘들었을 소재이지만 넷플릭스라서 제작이 가능했을 것이다. 〈인간수업〉 제작사인 스튜디오329 윤신애 대표도 언론 인터뷰에서 "청소년 성범죄는 워낙 민감한 소재라 지상파에선 제작이 어려울 것 같았어요. '넷플릭스로 갈 수밖에 없겠다'라고 판단했죠"라고 밝혔다.

〈킹덤〉을 제작한 에이스토리 이상백 대표도 "좀비물은 리얼리티를 살렸을 때 잔인해질 수밖에 없어요. 〈킹덤〉이 지상파로 갔을 때 '15세 등급을 받을 수 있을까', '시청률은 나올까'를 고민하던 중 넷플릭스가 '사극 좀비'의 가능성을 보고 과감하게 제작을 결정했습니다"라고 했다. 요금을 지불하고 스트리밍 서비스하는 플랫폼과 불특정 다수를 상대로 콘텐츠를 송출하는 방송사(매스미디어) 간에는 차이가 있기 마련이고 '표현의 수위' 또한 그 차이의 하나일 것이다.

넷플릭스는 일정한 요금을 지불할 의사와 능력이 있는 이용자가 주 타깃이다. 넷플릭스는 이 타깃 고객을 미성년자가 아닌 성년으로 보기 때문에 상당수의 오리지널 콘텐츠를 19세 이상(국내 기준) 등급으로 제작한다. 〈하우스 오브 카드〉, 〈마르코 폴로〉, 〈나르코스〉, 〈데어데블〉, 〈센스 8〉, 〈위쳐〉 등 미국에서 제작한 오리지널 시리즈 드라마뿐 아니라 한국에서 제작된 오리지널 콘텐츠인 영화 〈페르소나〉, 드라마 〈인간수업〉 등이 '청소년 관람 불가' 등급으로 표현과 소재의 제약을 받지 않고 제작했다.

PART 2

경쟁자들

PART 1에서는 OTT, 스트리밍 서비스의 포문을 연 넷플릭스에 관해 이야기했다면 PART 2에서는 넷플릭스 성공에 놀란, 그래서 위기감을 느낀, 그리고 반격을 준비하는 글로벌 미디어 기업의 이야기를 해보고자 한다. 아마존, 디즈니, NBC유니버설을 모르는 사람은 없겠지만 최근 이들 기업은 끊임없이 변화하는 중이고 또 성장하는 중이다. 미디어 기업으로서 이들 기업의 장점과 전략이 무엇인지 살펴보고 우리에게 시사하는 바가 무엇인지 찾아보고자 한다.

3장

데이터를 바탕으로 한
콘텐츠 왕국의 꿈, 아마존

물류·마켓·콘텐츠의
결합

국내 독자들에게 아마존이 어떤 기업인지, 어떤 사업을 운영하는 회사인지 물어보면 대부분 아마존닷컴Amazon.com을 떠올리며 인터넷 쇼핑몰을 운영하는 회사라 답할 것이다. 그렇다. 아마존닷컴은 제프 베조스가 설립한 연 매출 2,329억 달러(약 2,800조 원, 2018년 기준)의 글로벌 온라인 쇼핑몰이다. 삼성전자의 2019년 연 매출이 230조 원 정도 되니 삼성전자보다 12배쯤 매출이 큰 회사인 셈이다. 매출뿐 아니라 직원 수도 80만 명에 육박하는 온라인 쇼핑몰계의 공룡으로 불리는 회사다.

아마존은 온라인 서점으로 시작해 글로벌 유통 시장의 공룡으로 자리 잡은 기업이다. 단순히 쇼핑몰에서 물건만 파는 것이 아니라 쇼핑몰에 구독 모델BM을 적용한 아마존 프라임 멤버십Amazon

Prime Membership을 운영하는데 1년에 119달러(약 14만 3,000원) 또는 매월 12.99달러(1만 5,600원)를 지불하고 가입할 수 있다. 물건을 사기 위해 돈을 내야 한다는 것이 우리나라 정서와는 잘 맞지 않는다. 국내에서는 무료 배송이나 특별 할인을 위해 '쿠팡 와우(매월 2,900원)'나 '옥션 스마일 클럽(연 3만 원)'을 가입하기도 하지만, 아마존의 프라임 멤버십과는 가격 차이도 크고 방식 차이도 있다.

아마존 프라임 멤버십은 무료 배송(2일 이내)·무료 반품뿐 아니라 아마존닷컴의 OTT 서비스인 아마존 프라임 비디오, 트위치 프라임 서비스, 프라임 뮤직과 팟캐스트 서비스인 오더블Audible 채널, 킨들 도서관 등을 무료로 제공한다. 2020년 아마존이 프라임 멤버십 가입자를 대상으로 조사한 결과 회원의 66%는 2일 이내 배송 서비스가, 15%는 아마존 프라임 비디오를 이용하는 것이 멤버십 혜택 중 가장 가치가 있다고 응답했다.

거대한 대륙인 미국에서 물류Logistics가 차지하는 비중은 매우 크다. 그래서 미국의 도로를 혈관에 비유하기도 하는데 이 혈관의 길이가 매우 길어 동부에서 서부까지의 길이가 서울-부산(약 450㎞)의 10배가 넘는 5,000㎞에 달한다. 이렇게 큰 나라에서 무료 배송은 온라인 쇼핑몰 고객에게는 여간 큰 혜택이 아닐 수 없다. 아마존 프라임 멤버십은 이러한 무료 배송 장점에 미디어 서비스(방송 콘텐츠·게임 콘텐츠·음악·팟캐스트·전자 도서)를 결합시켰다. 아마존 프라임 멤버십 가입자는 2020년 1억 5,000만 명을 넘어서면서 가입자 규모만으로는 넷플릭스(1억 8,300만 명) 뒤를 바짝 따라가고 있는 2위 사업자다. OTT 서비스인 아마존 프라임 비디오는 가입자만 7,500만 명(2020년 2월 기준)으로 넷플릭스에 이어 2위 사업자로 한때는 넷플릭스의 대항마로 여겨졌지만, 지금은 디즈니플러스, HBO MAX처럼 많은 스트리밍 서비스 사업자의 출연으로 콘텐츠 수급량과 오리지널 콘텐츠 확보 경쟁에서는 다소 주춤하는

아마존의 서비스

아마존 프라임 비디오

아마존닷컴의 자회사로 넷플릭스와 같은 동영상 스트리밍 서비스(OTT)다. 처음에는 아마존 프라임 멤버십 가입자에게 무료로 제공하는 부가 서비스로 시작했지만 2016년 12월부터 매월 5.99달러를 지불하면 별도로 가입·이용이 가능한 글로벌 서비스다.* 아마존 프라임 비디오(Amazon prime video) 서비스는 스마트TV, 게임 콘솔, 스마트 패드 등 대부분의 스마트 디바이스를 통해 서비스를 이용할 수 있고 파이어TV 큐브(셋톱박스)나 파이어TV 스틱**을 구매해 이용할 수 있다.

---

* 글로벌 서비스이지만 대부분 영어로 서비스를 하므로 국내 이용자가 많지 않다.
** 파이어TV 스틱(Firetv stick)은 크롬캐스트 같은 동글형 수신 장치로 파이어TV 큐브(셋톱박스)와 동일한 성능을 갖고 있어 TV HDMI 단자에 꽂으면 아마존 콘텐츠를 이용할 수 있다. 파이어TV 큐브의 4분의 1 가격이면 구매할 수 있지만, 국내에서는 VPN을 이용해도 시청할 수 있는 콘텐츠가 거의 없다.

아마존 킨들

전자책 디바이스와 관련 솔루션, 플랫폼 일체를 아마존 킨들(Amazon Kindle)이라고 한다. 아마존 전용의 전자책 리더를 의미하긴 하지만 확대하면 킨들로 출판되는 책이나 킨들을 볼 수 있는 모든 디바이스(PC·스마트폰·태블릿)의 뷰어 앱을 의미한다. 전자책 플랫폼이나 전자 서적 판매량으로는 세계 최대의 시장 점유율을 자랑한다.

트위치 프라임

게임 콘텐츠와 신규 게임 할인 혜택을 제공하는 게임 스트리밍 서비스. 트위치 프라임(Twitch Prime)에서 게임 콘텐츠를 보려면 광고를 시청해야 하지만 '트위치 터보(Twich Turbo)' 상품을 월 8.99달러 지불하고 구독하면 광고 없이 시청할 수 있다.

추세다. 그럼에도 아마존 프라임 비디오는 아마존닷컴과 아마존 프라임 멤버십 가입자라는 든든한 뒷배경이 있어 넷플릭스와 충분히 경쟁할 수 있는 서비스다.

아마존 프라임 멤버십의 가치 조사에서 35~44세의 28%가 아마존 프라임 비디오가 멤버십 가치에 가장 중요하다고 응답했는데 이 결과는 아마존닷컴에 매우 중요하다. 핵심 소비 계층인 35~44세가 아마존 프라임 비디오 때문에 아마존 멤버십을 가입하고, 아마존닷컴에서 물건을 구매하기 때문이다. 이 세대의 조사 결과는 전체 평균은 물론 25~34세(18%)에 비해서도 10%p가 높은 것으로 나타났다.

아마존 프라임 비디오에서는 오리지널 콘텐츠보다 다양한 미드를 저렴하게 볼 수 있다. HBO의 〈왕좌의 게임〉이나 AMC의 〈워킹

아마존 프라임 비디오/TV 프로그램

TV프로그램 / 프라임 비디오

더 보이즈	톰 클랜시의	멋진 징조들	더 마블러스	The Grand	모차르트 인	홈커밍	트랜스페어
2019년 ~	잭 라이언	2019년 ~	미세스 메이즐	Tour	더 정글	2018년 ~	런트
	2018년 ~		2017년 ~	2016년 ~	2014년 ~ 20…		2014년 ~ 20…

데드〉 등 '프라임 비디오' 마크가 달린 콘텐츠를 무료로 볼 수 있다. 그렇다고 아마존에 오리지널 콘텐츠가 없는 것은 아니다.

타락한 슈퍼 히어로의 이야기 〈더 보이즈〉는 2019년 시즌 1, 8편을 선보인 데 이어 2020년 9월에 시즌 2를 공개할 예정이다. 2014년 아마존에서 가장 성공한 드라마라고 평가받는 〈보슈〉와 〈트랜스페어런트Transparent〉는 아마존의 대표적인 오리지널 시리즈다. 〈보슈〉는 2020년 시즌 6까지 제작되었고 2019년 시즌 5를 끝으로 종영한 〈트랜스페어런트〉는 2015년 골든글로브 시상식 TV뮤지컬코미디 부문에서 OTT 드라마로는 처음으로 작품상과 남우주연상 등 5개 부분을 석권했다.

2016년 6월 VOX's Code 콘퍼런스에서 아마존 회장 제프 베조스는 아마존 프라임 비디오가 왜 아마존을 위해 좋은 사업인지 그의 생각을 밝힌 바 있다.[1] 그는 아마존 프라임 비디오가 있으면 아마존 프라임 멤버십 유료 구독 회원이 되기 쉽고, 프라임 유료 구독이 종료되면 다시 갱신할 가능성이 높아지기 때문이라고 했다.

즉 아마존 비디오는 더 많은 아마존 프라임 이용자를 양산하고 프라임 이용자는 아마존의 더 가치 있는 고객이 되기 때문이라는 것이다. 그러면서 베조스는 아마존스튜디오의 작품들이 골든글로브에서 수상한 의미에 대해 어찌 보면 당황스럽지만, 어찌 보면 당연한 사업가적 기지를 발휘해 이야기했다.

"골든글로브에서 상을 타면 더 많은 신발을 판매하는 데 도움이 됩니다. 판매는 매우 직접적인 방식으로 이뤄집니다. 프라임 회원은 프라임이 아닌 회원보다 아마존에서 더 많이 구매합니다. 그들이 연회비를 한 번 지불하면 프로그램에서 어떻게 더 많은 가치를 얻을 수 있는지 둘러보게 됩니다. 그래서 그들은 더 많은 카테고리를 접하고 더 많이 쇼핑합니다. 그들의 다양한 행동은 우리 비즈니스를 매력적으로 변화시킵니다. 그리고 고객들은 우리 서비스를 더 많이 활용하게 됩니다."

이 콘퍼런스에서 베조스는 다른 OTT 사업자와의 경쟁에 대해서도 매우 유리한 고지에 있다고 밝혔다. 넷플릭스나 훌루, HBO 같은 다른 경쟁 사업자가 콘텐츠를 사용(제공)해 수익을 직접 창출하려는 것에 비해 아마존은 프리미엄 콘텐츠를 통해 더 많은 신발을 팔아 수익을 창출한다는 것이다. 그러면서 그는 사람들이 넷플릭스와 아마존 둘 다 구독할 것이기 때문에 둘은 경쟁 관계는 아니라고 그의 생각을 밝혔다.

이 콘퍼런스에서 베조스가 이야기한 부분은 아마존의 사업을 이해하는 데 매우 중요하다. 아마존이 세계 최대 쇼핑몰 사업자이면서 왜 OTT 서비스를 병행하는지, 그들이 유료 멤버십 고객에게 왜 콘텐츠를 무료로 제공하는지, 왜 무료로 제공하는 콘텐츠에 천문학적인 비용을 투자해 오리지널 콘텐츠를 만드는지를 말이다.

아마존스튜디오가 2021년 스트리밍을 목표로 한창 제작 중인 영화 〈반지의 제왕〉의 TV 시리즈는 톨킨의 3부작 《반지의 제왕》 중 1부 '반지원정대'보다 앞선 시점의 이야기다. 시즌 1 제작비가 무려 15억 달러(약 1조 8,000억 원)로 역대 최고 금액으로 알려져 있다. 2018년 〈반지의 제왕〉 판권 전쟁에서 넷플릭스에 승리한 아마존은 이 판권에만 2억 5,000만 달러(약 3,000억 원)를 투자했고 현재 제작비도 기획 당시 예상한 금액을 훨씬 능가할 것으로 보고 있다.

2001년부터 2003년까지 3부작 영화를 제작해 대박을 터트린 〈반지의 제왕〉의 3편 총제작비는 2억 8,000만 달러(약 3,360억 원)로 이번 드라마 제작비의 19% 수준에 불과해졌다. 아마존은 2019년 시즌 8로 종영한 HBO의 〈왕좌의 게임〉의 흥행을 이어받아
* 2021년 스트리밍 업계에서 돌풍을 일으키겠다는 야심 찬 전략을 세우고 또다시 넷플릭스와 한판 전쟁을 준비하고 있는 것이다.

이뿐만이 아니다. 아마존은 미국 프로 스포츠 중에서도 가장 인기가 많다는 프로풋볼리그NFL와 계약해 〈목요일 밤의 풋볼〉 프로그램을 방영하면서 실시간, 비실시간 콘텐츠로 아마존 프라임

---

* 우연인지 몰라도 〈반지의 제왕〉 주인공 벨도르 역은 〈왕좌의 게임〉에서 네드 스타크로 출연한 로버트 아라마요가 맡게 됐고 〈왕좌의 게임〉에서 벤젠 스타크 역을 맡았던 배우 조셉 몰은 TV 시리즈에 합류했다.

비디오 이용자를 아마존 왕국에 묶어놓고(록인)* 있다.

아마존닷컴은 온라인 쇼핑몰, 미디어 서비스 외에 아마존북스Amazon Books와 유기농 슈퍼마켓인 홀푸드Whole Foods, 무인점포 아마존 고Amazon Go를 운영하고 있다. 아마존북스는 온라인 서점(Amazon.com)과 연계해 운영하는 오프라인 매장으로 2015년 11월 미국 시애틀에서 1호점을 오픈한 이후 총 17개를 운영하고 있다. 아마존북스는 기존의 오프라인 서점과는 운영 방식이 달라 온-오프를 연결하는 비즈니스에 관심이 있다면 눈여겨볼 만하다.

2020년 1월 미국 캘리포니아주 산호세 산타나 로Santanan Row에 위치한 아마존북스를 방문했을 때 가장 특이했던 것이 상품의 진열 방식이었다. 일반 서점은 책을 장르(문학·소설·외국어·컴퓨터 등)별로 진열하기 마련인데 아마존북스는 온라인 서점에서 주문량과 온라인 독자 또는 구매자의 반응(평점+댓글)을 오프라인 매장으로 옮겨와 책과 상품을 진열함으로써 온라인과 동일한 경험을 제공하는 데 초점을 맞추고 있다.

재미있는 것은 물리적 공간 제약이 없는 온라인 구매자들의 상품 구매 패턴을 오프라인으로 옮겨와 상품을 진열한다. 예를 들어 많은 사람이 운동하면서 TV를 시청하기 위해 아마존닷컴에서 무선(와이어리스) 이어폰을 구매했는데 그들 중 상당수가 스포츠 물병도 구매하고, 건강과 관련된 어떤 책을 구매한다는 데이터가 나

---

* 소비자가 어떤 상품 또는 서비스를 구매·이용하기 시작하면, 다른 유사한 상품이나 서비스로의 바꾸기 어렵게 되는 현상.

아마존북스 전경

왔다면 아마존북스는 무선 이어폰, 스포츠 물병, 관련 책을 같은 진열대에서 판매한다. 온라인 독자들의 서평이나 반응을 책 밑에 카드로 같이 진열함으로써 오프라인 구매자에게도 온라인과 같은 경험을 제공하고 있다.

무인점포로 운영되는 아마존 고의 경험은 더 새롭다. 2018년 시애틀에 1호점을 오픈한 아마존 고는 '저스트 워크 아웃 기술Just Walk Out Technology'을 통해 고객이 물건을 구경하거나 선택하는 동선을 촬영하고 상품에 탑재된 센서와 고객의 스마트폰을 연동시켜 자동 결제하는 기술을 개발하고 적용시켰다. 기술 이름대로 고객은 그저 걷다가Just Walk 물건을 집어 들고는 상점 밖으로 나가면Out 자동으로 결제되는 시스템이다. 아마존 고는 미국 주요 도시인

아마존 고 전경

뉴욕(8개), 시카고(6개), 샌프란시스코(4개), 시애틀(4개) 등에서 총 25개 점포를 운영하고 있다.

최근에는 시애틀 본사 인근 캐피톨 힐에 300평(1만 400평방피트) 규모의 아마존 고 식료품점Amazon Go Grocery store을 오픈했다. 아마존 고 식료품점 역시 무인 계산대로 운영하고 있다. 매장 구석구석 카메라와 센서, 점원 역할을 하는 컴퓨터 비전 등이 설치돼 있어 아마존 고처럼 제품 선택 후 매장을 나가기만 하면 자동 결제되는 시스템이다.

아마존 고는 미국 대도시의 바쁜 직장인이 간단히 식사할 수 있도록 아침 식사나 샐러드, 스낵 등을 판매하는데 '자동 결제'라는 새로운 경험을 제공하는 대신 쇼핑하는 고객의 소비 습관을 파악해 아마존닷컴의 데이터 축적에 활용하고 있다. 아마존 고를 이용하는 고객이 늘어날수록 아마존은 고객의 구매 패턴, 구매 동선 등 여러 데이터를 축적하게 될 것이고 이 데이터는 다시 고객이 물건을 구매하는 최적화된 솔루션을 제공해 구매를 촉진시키는 선순환 과정을 이루게 될 것이다. 물론 일자리 문제나 사람들의 무인 점포에 대한 부정적 인식 등 부정적 요소가 없지는 않지만 아마존 고가 가져온 기술Technology과 생활Life의 결합은 이제 현실이 되어 우리 생활 속으로 자리 잡고 있음은 부정할 수 없다.

아마존이
홀푸드마켓을 인수한 이유

2017년 아마존은 미국 최대 친환경 식품 체인점인 홀푸드마켓을 137억 달러(약 15조 5,000억 원)에 인수했다. 그동안 홀푸드마켓은 '착한 기업'을 콘셉트로 고품질 유기농 음식을 판매하고 판매 이익 일부를 지역 경제에 환원해 지역 커뮤니티와 환경을 고려한다는 핵심 가치Core Values[*2]를 내세운 회사다.

뉴욕대학NYU 마케팅 교수인 스콧 갤러웨이Scott Galloway는 아마존이 홀푸드 인수를 발표(2017년 6월 16일)하기 약 한 달 전인 5월

---

* (1) 최고 품질의 자연 식품과 유기농 식품 판매(We Sell the Highest Quality Natural and Organic Foods), (2) 고객의 만족과 즐거움 제공(We satisfy and delight our customers), (3) 팀원의 성장과 행복 증진 도모(We promote team member growth and happiness), (4) 협력사와 상생 파트너십 실천(We practice win-win partnerships with our suppliers), (5) 이익과 번영 창출(We create profits and prosperity), (6) 지역 사회와 환경에 관한 관심(We Care About our Community and the Environment)

아마존 진출에 따른 미국 유통 업계의 시장 변화

아마존이 시장에 들어오자 식료품 회사들의 주가가 변했다. 아마존이 유기농 식료품 회사인 '홀푸드' 구매 계획을 발표한 후 다른 상장 체인점의 주가는 폭락했다.

식료품회사	주식 변화(목요일~금요일)	시가총액	미국 내 매장 수
홀푸드	27%↑	130억 달러	465
아마존	3.1%↑	4,760억 달러	·
아홀드 델레이즈*(자이언트)	−5.4%↓	260억 달러	2,260
월마트/샘스클럽	−6.5%↓	2,250억 달러	4,692
코스트코	−6.9%↓	740억 달러	206
타깃	−8.4%↓	280억 달러	1,807
스프라우트파머스마켓	−12.9%↓	30억 달러	272
크로거**(해리스 티터)	−14.6%↓	200억 달러	2,792

* 네덜란드 회사인 아홀드 델레이즈(Ahold Delhaize)는 라이언(Food Lion)과 배송 서비스 피드포드(Peadpod)를 포함한 미국의 식료품 체인을 소유하고 있다.
** 크로거(Kroger)는 딜런(Dillons)과 킹 수퍼스(King Soopers) 체인을 소유하고 있다.
출처: 〈블룸버그〉

8일 비즈니스 인사이더www.businessinsider.com를 통해 이를 예측해서 화제가 됐다.

　당시 인터뷰에서 스콧 갤러웨이 교수는 미국에서만 7,500억 달러(약 900조 원)로 가장 큰 소비재 부문인 식료품 사업이 1985년과 비교해 차이가 없었는데 홀푸드가 시장 내에 차별화 전략으로 나름의 성과를 보이고 있다고 평가했다. 그러면서 아마존이 '유통'을 앞세워 홀푸드와 웨그맨스Wegmans 같은 업체들이 식료품 사업을 장악하기 전에 이 시장에 뛰어들 것이라고 예측했다. 그의 예측은 정확히 맞아떨어졌고 아마존의 홀푸드 인수 발표 이후 홀푸드 주가는 27% 상승한 반면 미국 식료품 관련 기업의 주가는 일제히

아마존이 인수한 이후의 미국 네바다주 리노에 있는 홀푸드

폭락하며 아마존의 오프라인 진출의 공포심을 드러냈다.

전문가들은 아마존의 홀푸드 인수를 온라인 회사의 오프라인 시장 진출의 신호탄이라 전망했다. 미국에서 가장 중요하다는 '유통'을 앞세워 온라인과 오프라인 사업 모두를 활용할 수 있다는 점에서 사업의 시너지를 위해 홀푸드를 인수했을 것이라 보는 것이다. 조금은 다른 관점에서 보면 홀푸드의 고품질 자연 식품과 유기농 제품이라는 '건강한 이미지'와 언제 어디서나 쉽게 접근할 수 있다는 슈퍼마켓의 '친숙성'에, 데이터 사이언스를 바탕으로 한 테크기업 아마존닷컴의 엄청난 결합이라 할 수 있다.

아마존은 홀푸드 인수를 통해 고객에게 건강한 이미지를 얻게 되었고 조금 더 친숙한 생활 속 기업으로 인식되게 되었을 것이다.

무엇보다 오프라인 고객의 엄청난 데이터를 축적할 수 있게 되었다. 반면 홀푸드마켓은 아마존닷컴과 아마존 프라임 멤버십 회원을 신규 고객으로 맞이할 수 있게 되었다. 윈윈 게임의 시작인 셈이다.

아마존은
데이터 부자

"아마존 왕국에서는 데이터가 왕이다Data is King at Amazon." 아마존에서 디렉터로 근무했던 로니 코하비Ronny Kohavi는 아마존은 온라인 쇼핑몰도 시스템 회사도 아닌 빅데이터 기업이라고 말한 바있다. '고객의 경험'을 '데이터'로 전환해 수집하고 이를 사업에 적극적으로 활용하기 때문일 것이다.

아마존의 AI인 아마봇Amabot(Amazon+Robot)은 아마존닷컴 사용자의 행동 데이터를 분석하고 그 결과를 이용해 온라인 쇼핑몰 각 페이지에 고객들에게 선보일 상품을 구성하는 역할을 한다. 이를 통해 사용자의 취향과 구매 패턴을 고려해 사용자별로 페이지를 다르게 구성해 보여주고 시간이 흐를수록, 즉 더 많은 데이터를 모을수록 사용자의 기호에 맞는 제품을 보여줌으로써 최대 매출을 끌어내는 것이다. 아마존은 고객의 행동 데이터를 통해 웹페이지의 로딩 시간과 구매의 상관관계를 찾아낸 바 있다. 로딩이 0.1초 지연될 때마다 매출이 1% 감소한다는 사실을 인지한 후 웹사이트를 0.6초 안에 로딩되도록 세팅했고 이를 지키기 위해 전사적인 노력을 한다고 한다. 아마존에서 데이터가 얼마나 잘 활용되고 있는지 보여주는 사례다.

이제 아마존은 온라인에서의 고객 행동 데이터만이 아니라 아마존 고나 아마존 식료품 스토어, 홀푸드마켓을 통해 더 많은 데이터를 모으고 이를 활용하게 될 것이다. 아마존 프라임 비디오+아마존닷컴+홀푸드마켓 이용자의 데이터 수집·분석을 통해 스포츠 영화를 본 이용자에게 운동화를 추천해주고 반대로 운동화를 구매한 이용자에게 액션 영화를 추천해주는 등 데이터를 통해 온라인-오프라인 생활 전반에서 끊임없이 관여하게 될 것이다. 이러한 관여는 이용자에게 편리성과 적합성을 제공할 뿐 아니라 아마존 왕국을 벗어날 수 없게 만드는 록인 효과를 가져올 것이다.

제프 베조스의 말처럼 OTT 사업자로서 아마존 프라임 비디오는 아마존스튜디오 같은 콘텐츠 제작 시스템을 통해 지속적인 오리지널 콘텐츠를 생산해내고 이를 '빅데이터'와 믹스해 아마존 멤버십을 유지하고 더 나아가 아마존에서 제품을 보다 많이 구매할 수 있도록 촉진제 역할을 할 것이다. 우리는 앞으로 아마존이 어떻게 그들의 사업 전략을 펼쳐나가는지 또 그들이 한계를 어떻게 극복하는지 늘 관심 있게 지켜봐야 할 것이다.

4장

방대한 미디어 네트워크와 강력한 스튜디오 파워, 디즈니플러스

이제부터 넷플릭스의 강력한 경쟁자를 본격적으로 얘기하고자 한다. 첫 주자는 월트디즈니그룹의 디즈니플러스다. 디즈니플러스는 디즈니그룹이 갖고 있던 OTT 스트리밍 서비스인 홀루와 별도로 2019년 11월에 런칭한 후 5개월 만인 2020년 1분기에 5,500만 명, 2분기에 6,000만 명을 넘어섰다. 유료 구독자 수로는 넷플릭스(1억 9,300만 명), 아마존 프라임 비디오(1억 5,000만 명)에 이어 3위 사업자로 비교적 저렴한 가격(넷플릭스의 절반 수준인 월 6.99달러)임을 감안해도 짧은 기간에 이뤄낸 엄청난 성장세다.

월트디즈니그룹

디즈니플러스를 애기하기 전에 월트디즈니그룹의 비즈니스 포트폴리오를 이야기할 수밖에 없다. 디즈니플러스의 힘은 디즈니그룹의 미디어 네트워크와 방대한 제작 스튜디오로부터 나온다고 해도 과언이 아니다. 일반적으로 알려진 디즈니 애니메이션과 디즈니랜드, 굿즈가 디즈니의 전부가 아니다. 디즈니그룹은 지상파TV 및 케이블TV 글로벌 네트워크, 영화·애니메이션 제작 스튜디오, 테마파크, 굿즈 같은 소비재 제품, 게임 제작, 거기에 훌루 같은 스트리밍 서비스까지 운영하는 미디어 관련 전반을 아우르는 글로벌 미디어의 절대 강자라 할 수 있다.

디즈니의 미디어 네트워크 중심에는 지상파TV ABC네트워크, 스포츠 전문채널 ESPN, 디즈니 채널, 내셔널지오그래픽이 있고 제작 스튜디오에는 월트디즈니픽처스, 루카스필름, 마블스튜디오, 20세기폭스*, 월트디즈니애니메이션스튜디오WDAS, 픽사, 블루스카이스튜디오가 있다. 어느 하나 빠지는 회사가 없을 정도로 하나하나가 그야말로 특급 글로벌 미디어 회사인데 그들이 디즈니라는 한 울타리 안에 있는 셈이다. 이뿐 아니라 디즈니레코드, 폭스뮤직, 디즈니온아이스, 폭스 VFX랩도 디즈니 스튜디오를 구성하는 회사로 스튜디오 사업을 더욱 튼튼하게 해주는 역할을 하고 있다.

그동안 디즈니그룹은 사업 부문을 총 4~5개로 운영해왔다. 미디어 네트워크와 스튜디오Studio Entertainment 외에 디즈니랜드를 운

---

* 2020년 1월, 회사 명칭이 20세기폭스(20th Century Fox)에서 20세기스튜디오로 변경되었다.

영하는 파크&리조트, 디즈니 라이선스를 통해 제품을 생산하는 DCP_{Disney Consumer Products}와 게임 사업 부문인 DTI_{Disney Interactive}로 말이다. 최근 디즈니는 주력 사업 부문에 소비재와 게임_{DCP&DTI} 대신 DTCI를 전면에 내세웠는데 DTCI 안에는 디즈니플러스, ESPN 플러스, 훌루, 핫스타 같은 OTT 스트리밍 서비스가 핵심이다.

디즈니는 DTCI 홈페이지[1]를 통해 미션을 소개했다. "월트디즈니컴퍼니의 DTCI 부문의 미션은 전 세계 소비자에게 그들이 가장 원하는 엔터테인먼트와 스포츠 콘텐츠를 그 어느 때보다도 많은 선택권과 개인화, 편의성을 제공하는 것이다."

디즈니의 DTCI

Direct-To-Consumer and International
Comprised of the Company's international business units and various direct-to-consumer streaming services, Direct-To-Consumer and International(DTCI) aligns technology, media distribution and advertising sales into a single business segment to create and deliver personalized entertainment experiences to consumers around the world.

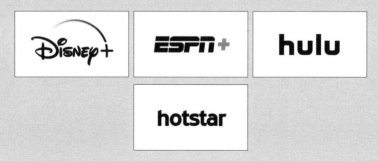

출처: 디즈니 홈페이지

● 훌루와 핫스타

훌루

2007년 넷플릭스가 온라인 스트리밍 서비스로 전환한 시기에 이를 대응하기 위해 월트디즈니컴퍼니(30%), 21세기폭스(30%), 컴캐스트(30%), 워너브라더스(10%)가 투자해 설립한 스트리밍 서비스 회사가 훌루다. 훌루는 광고 시청 상품(5.99달러), 광고 없는 상품(11.99달러), 훌루+Live TV(54.99달러) 세 가지 상품을 판매한다. 쟁쟁한 미디어그룹이 주주로 있다 보니 할리우드 영화와 주주의 콘텐츠가 넷플릭스와 경쟁하기엔 충분했다.

2011년부터 훌루는 오리지널 콘텐츠 〈모닝 애프터The Morning After〉(2011년 1월~2014년 4월)를 제작하면서 오리지널 제작 경쟁에 뛰어들었지만 큰 성과를 나타내진 못했다. 오히려 2014년 〈사우스 파크South Park〉 스트리밍 판권을 3년간 확보하면서 가입자가 600만(2014년 2Q)에서 1,700만(2017년 4Q)으로 가파르게 성장하는 데 기여했다. 가입자 성장에 힘입어 훌루는 2017년 마블의 〈런어웨이즈RUNAWAYS〉 10개 에피소드를 독점 공개하면서 오리지널 콘텐츠 경쟁에 다시 뛰어들었다. 〈런어웨이즈〉는 마블이 영화화하려 했으나 드라마 제작으로 선회한 콘텐츠로 마블과 ABC가 공동 제작하고 〈가십걸〉의 조쉬 슈워츠Josh Schwartz와 스테파니 세비지Stephanie Savage가 총괄 제작자로 나서면서 많은 기대를 받았던 작품이다. 2018년 디즈니가 폭스를 인수하고 워너브라더스의 모회사인 타임워너를 인수한 AT&T가 10%의 지분을 디즈니(7%)와 컴캐스트(3%)에 매각하면서 결국 디즈니그룹 계열사로 편입되었다. 2019년 컴캐스트가 디즈니에 지분 전량을 2024년에 넘기기로 하면서 디즈니그룹이 100%의 지분을 확보할 예정이다.

홀루는 미국과 일본에 서비스하면서 2020년 1분기 기준으로 3,550만 가입자를 확보했지만 2019년 디즈니플러스의 런칭과 성장으로 시장 점유율은 감소하고 있다. 디즈니는 디즈니플러스(6.99달러)와 홀루(5.99달러), 거기에 ESPN플러스(4.99달러)까지 포함하는 번들 상품을 넷플릭스 구독 가격 수준인 12.99달러(약 1만 5,600원)에 할인 판매하면서 홀루·ESPN플러스와 시너지를 내기 위해 노력하고 있다. 지금은 코로나-19로 대부분 스포츠 경기가 열리지 않아 ESPN플러스의 위력이 발휘되지 못하고 있지만, 스포츠 경기가 재개되면 디즈니의 번들 상품은 큰 시너지를 낼 것으로 전망한다.

홀루

출처: www.hulu.com

디즈니의 홀루 통합이 가속화되면서 내부 싸움도 치열하다. 2018년 홀루를 인수한 디즈니는 광고와 콘텐츠 수급뿐 아니라 기술적 통합 작업도 추진하게 됐다. 디즈니는 홀루의 기술팀(엔지니어링팀)과 디즈니플러스, ESPN플러스 기술팀을 통합해 디즈니 전체 서비스의 통일성을 유지하고 상호 OTT 서비스의 콘텐츠 호환을 원활히 하길 바랐다.

지금은 각각 OTT 서비스를 하지만 향후 통합 앱에서 각 서비스가 운영되기 위해서 통합 작업은 꼭 필요한 과정의 하나였다. 문제는 이제 갓 OTT 서비스를 시작한 디즈니플러스보다 훨씬 긴 업력業力을 보유하고 있는 홀루의 기술팀 입장에서 스트리밍 사업 주도권을 디즈니에 내주고 싶은 생각이 없다는 것이다.

훌리건. 자유롭고 독립적인 회사 분위기를 나타내는 홀루인人을 표현하며 그들만의 자부심을 표출한 단어로 디즈니와 폭스, 컴캐스트의 조인트 벤처 회사로 특정 회사의 기업 문화가 아닌 홀루만의 자유로운 분위기와 자부심이 강했던 만큼 홀루 기술팀 입장에서 10년 넘게 쌓아온 자체 기술을 쉽게 포기하기란 쉽지 않은 얘기였다. 디즈니 스트리밍 기술팀은 디즈니가 20억 달러(약 2,400억 원)에 인수한 밤테크BAMTech 출신의 엔지니어와 디즈니의 케이블TV 채널을 스트리밍 서비스해왔던 엔지니어가 주축을 이루고 있다. 디즈니 기술팀의 충돌은 이번이

명사화된 훌리건

처음은 아니다.

2017년 ESPN플러스 출범 때도 스트리밍 기술 우위를 보였던 밤테크 출신이 디즈니 케이블TV 출신을 무시하면서 두 조직은 종종 충돌했고 케이블TV 채널이 라이브로 방송되는 훌루+Live TV 서비스를 위해 밤테크와 협업해왔던 훌루도 밤테크와 기술적인 문제로 충돌하면서 좋지만은 않은 관계를 이어오고 있었다. 디즈니의 훌루 인수 이후 밤테크 경영진은 훌루의 기술팀에 보고를 요구했고 훌루의 기술력까지 폄하하면서 자존심을 건드렸다고 한다.

그러나 2019년 디즈니플러스가 런칭된 뒤 예상치 못한 가입자가 몰리면서 크고 작은 문제로 고객의 불만이 많았는데 디즈니플러스의 고객 서비스팀이 원활하게 대응하지 못하자 경험이 풍부한 훌루의 고객 서비스팀이 디즈니의 모든 OTT 서비스(디즈니플러스, 훌루, ESPN플러스)를 책임지면서 존재감을 드러낼 수 있었다. 비디오 스트리밍 기술에서는 밤테크가, 광고를 제공하는 기술에서는 훌루가 앞서고 있는 만큼 디즈니그룹의 스트리밍 기술 표준이 어떻게 확정될지 지켜보는 것도 또 하나의 관전 포인트가 될 것이다.

핫스타

월트디즈니컴퍼니인디아의 자회사 스타인디아Star India가 운영하는 OTT 스트리밍 서비스다. 인도 프로그램과 인도 크리켓 프리미어 리그를 포함한 스포츠 콘텐츠를 서비스하는 'VIP' 상품, 국제 영화와 미드를 제공하는 '프리미엄' 상품을 판매하고 있다. 인도

OTT 서비스 시장의 특징은 한마디로 박리다매다. 중국 인구를 턱 밑까지 추격한 인도는 2018년 기준 13억 5,300만 명으로 인구로는 세계 2위 국가지만 1인당 GDP가 2,009달러로 한국(3만 1,362달러)의 6% 수준이다. 그래서 인도의 OTT 서비스 가격은 VIP 상품이 399루피(약 6,500원), 프리미엄 상품이 1,499루피(약 2만 4,000원)인데 월정액 금액이 아닌 연간 금액이다. 핫스타의 이용자는 이름대로 핫한데 MAU가 3억 명에 달한다.

2015년 2월 유튜브에 대항하기 위해 광고 기반의 핫스타를 출시한 스타인디아는 모회사 21세기폭스가 2019년 디즈니에 인수되어 디즈니의 새 식구가 되었다. 2020년 3월 디즈니플러스는 핫스타와 통합 서비스를 시작하면서 인도에 디즈니플러스를 런칭하게 되었고 핫스타도 핫스타 프리미엄 상품을 디즈니플러스핫스타 Disney+hotstar로 리런칭하게 되었다.

밥 아이거는 디즈니플러스와 핫스타를 통합하면서 "핫스타의 검증된 플랫폼을 사용해 세계에서 가장 인구가 많은 국가와 가장 빠르게 경제 성장을 하고 있는 나라에서 디즈니플러스를 서비스할 수 있는 좋은 기회라고 생각합니다"라고 얘기했다. 박리다매를 통해 넷플릭스와 아마존 프라임 비디오로부터 OTT 시장을 지켜냈던 핫스타가 디즈니와 만나 얼마나 더 성장할지 지켜봐야 할 대목이다.

디즈니의 자신감,
콘텐츠로 승부한다

지금까지 열거한 디즈니그룹 회사는 하나하나 역사·규모·콘텐츠 제작 이야기만으로도 책 한 권은 족히 나올 것이다. 그만큼 디즈니는 오래된 역사와 방대한 스튜디오를 거느리고 있다. 이 책에서는 디즈니플러스가 넷플릭스의 얼마나 강력한 경쟁자인지 알기 위해 디즈니 미디어 그룹을 구성하고 있는 계열사들의 주력 콘텐츠를 살펴보고자 한다. 디즈니플러스가 이 콘텐츠를 실어 나를 서비스 플랫폼이기 때문이다.

● 디즈니의 미디어 네트워크

ABC네트워크

NBC, CBS와 함께 미국 3대 방송사로 불리는 ABC네트워크는 1996년 디즈니가 당시 대주주인 워런 버핏과 협상을 통해 190억 달러(약 22조 원)에 인수했다. 이를 통해 디즈니는 막강한 콘텐츠

ABC 대표 프로그램

프로그램명	장르	제작(에피소드)	수상·특징
〈로스트(Lost)〉	어드벤처 SF	2004년 시즌 1~2010년 시즌 6(총 121편)	2005 에미상* 수상
〈위기의 주부들(Desperate Housewives)〉	미스터리 코믹 드라마	2004년 시즌 1~2012년 시즌 8(총 180편)	2005 TCA 어워드** 수상
〈그레이 아나토미(Grey's Anatomy)〉	의학	2005년 시즌 1~2019년 시즌 16(총 317편)	2006 TCA 어워드 수상
〈브이(V)〉	SF	2009년 시즌 1(12), 2011년 시즌 2(10)	채널CGV 방송
〈캐슬(Castle)〉	범죄	2009년 시즌 1~2016년 시즌 8(총 173편)	
〈모던패밀리(Modern Family)〉	시트콤	2009년 시즌 1~2020년 시즌 11(총 250편)	2009년부터 2014년까지 연속 6회 에미상 수상(코미디 부문)
〈지정생존자(Designated Survivor)〉	정치 스릴러	2015년 시즌 1, 2017년 시즌 2(총 53편)	시즌 3은 2019년 넷플릭스 오리지널 콘텐츠로 공개

---

* 　미국텔레비전예술과학아카데미(ATAS)가 설립해 1949년 1회 시상식이 개최된 TV 최고의 상.
** 　미국텔레비전평론가협회(TCA)에서 TV 산업에서 우수한 업적을 남긴 프로그램에 수여하는 상.

를 실어 나를 글로벌 네트워크를 확보하게 되었다. ABC의 핵심 콘텐츠는 1975년부터 방송하고 있는 아침 뉴스 프로그램, 〈굿모닝 아메리카Good Morning America〉와 〈ABC 월드 뉴스 투나잇World News Tonight〉 같은 뉴스 프로그램 외에도 의학 드라마 〈그레이 아나토미〉, 〈위기의 주부들〉, 한국 배우 김윤진이 출연해 화제가 됐던 〈로스트〉, tvN의 〈60일, 지정생존자〉의 원작 격인 〈지정생존자〉 등이 있다. 이 콘텐츠는 국내에 잘 알려진 ABC의 대표 드라마다.

ESPN

월트디즈니그룹이 지분 80%를 보유하고 있는 디즈니 계열사로 미국 스포츠 전문 케이블TV 네트워크다. 스포츠 광팬이 많은 미국에서 스포츠 채널의 인기는 우리나라와 사뭇 다르다.

미국의 MLB(메이저리그 야구), NFL(미식축구), NBA(프로 농구), NHL(아이스하키)을 4대 프로 스포츠 리그라고 한다. MLB가 4월부터 10월, NFL은 9월부터 다음 해 2월까지, NBA은 9월부터 다음 해 6월까지, NHL 10월부터 다음 해 6월까지로 연중 야구→미식축구→프로 농구, 아이스하키→야구 경기가 열리므로 미국 스포츠 팬들은 ESPN을 안 볼 수가 없다. 그래서 ESPN은 디즈니그룹 내 매출의 약 40%를 차지하고 있는, 미디어 네트워크 안에서도 핵심 역할을 담당하고 있다.

ESPN은 미국 케이블TV와 위성방송, IPTV 기본 패키지에 포함된 ESPN, ESPN2와 인터넷 전용 채널 ESPN3, 해외 채널인

ESPN International 외에 ESPNEWS(스포츠 뉴스 전용 채널), ESPN Class(과거 명승부 경기를 보여주는 채널), ESPN U(대학 스포츠 전용 채널)와 지역 대학 스포츠 채널인 SEC Network(대학 미식축구 독점 중계 채널), ACC Network(애틀랜틱 코스트에 위치한 학교들의 지역 스포츠 채널) 등을 보유하고 있다. 2018년부터 자체 스트리밍 서비스 ESPN플러스를 서비스하고 있다. 한마디로 스포츠의 모든 것을 담고 있다고 해도 과언이 아니다.

디즈니채널

미국 케이블TV 및 위성방송 채널로 어린이와 청소년을 위한 프로그램과 영화가 주요 콘텐츠다. 디즈니채널은 최초 방영First-run TV 시리즈와 극장용 및 오리지널 TV 전용 영화 등으로 프로그램을 구성하며 6~16세를 주 시청 타깃으로 삼고 있다. 〈미키 마우스Good Morning, Mickey!〉, 〈곰돌이 푸Welcome to Pooh Corner〉, 〈도날드 덕Donald Duck Presents〉, 〈이상한 나라의 앨리스Alice's Adventures in Wonderland〉 등 디즈니의 시그니처 같은 TV 애니메이션부터 〈아발로 왕국의 엘레나elena-of-avalor〉, 〈Mech-X4〉, 〈Bizaardvark〉 같은 최근 콘텐츠까지 디즈니채널 콘텐츠는 무궁무진하다. 여기에 2~6세 유아·아동을 주 타깃으로 하는 디즈니주니어Disney Junior*와 6~15세

---

* 2~5세 유아를 대상으로 설립한 위성채널인 기존의 플레이하우스디즈니(Playhouse Desney)를 없애고 2011년 2월 디즈니주니어로 변경했다.

소년을 주 타깃으로 한 디즈니XD*도 운영하고 있다. 2017년부터 디즈니나우Disney Now를 통해 디즈니채널, 디즈니주니어, 디즈니XD 채널의 콘텐츠를 실시간 스트리밍으로 서비스하고 있다.

내셔널지오그래픽

2000년 12월에 설립해 영국·오스트레일리아·유럽에서 개국한 이후 2001년 1월 미국에서 개국한 내셔널지오그래픽 채널은 자연·과학·역사 프로그램과 다큐멘터리를 방송하고 있다. 디즈니가 2018년 폭스를 인수하면서 디즈니 계열사로 편입되었다.

---

* 1998년 툰디즈니(Toon Disney)로 개국해 2009년 2월 디즈니XD로 변경했다. 디즈니XD는 청소년용 스포츠 프로그램 〈스포츠센터 하이파이브(SportsCenter High-5)〉와 마블이 제작한 애니메이션 〈마블 온 디즈니 XD(Marvel on Disney XD)〉 프로그램 블록(Block)을 운용한다.

월트 디즈니의
스튜디오 패밀리

디즈니의 미디어 네트워크도 대단하지만, 디즈니 콘텐츠 공장이라고 할 수 있는 제작 스튜디오는 우리가 알고 있는 상상을 훨씬 초월한다.

월트디즈니픽처스, 루카스필름, 마블스튜디오, 20세기폭스, WDAS, 픽사, 블루스카이스튜디오 등 이름만 들어도 한 포스하는 회사들이 모두 월트디즈니그룹의 일원이다.

월트 디즈니 스튜디오는 월트디즈니그룹 4대 축의 하나다. 월트 디즈니가 소유한 스튜디오가 그동안 제작한 작품을 간단히 소개하고, 각 제작 스튜디오의 세부 콘텐츠를 알아보면서 디즈니플러스의 보유하고 있는 그리고 앞으로 보유할 콘텐츠의 힘이 어느 정도인지 이야기하려 한다.

월트 디즈니 스튜디오가 제작한 영화(2017~2020)

연도	영화
2017	〈미녀와 야수(Beauty and the Beast)〉, 〈가디언즈 오브 갤럭시 Vol. 2(Guardians of the Galaxy Vol. 2)〉, 〈캐리비안의 해적: 죽은 자는 말이 없다(Pirates of the Caribbean: Dead Men Tell No Tales)〉, 〈카 3(Cars 3)〉, 〈토르: 라그나로크(Thor: Ragnarok)〉, 〈코코(Coco)〉, 〈스타워즈: 마지막 제다이(Star Wars: The Last Jedi)〉
2018	〈블랙 팬서(Black Panther)〉, 〈어벤져스: 인피니티 워(Avengers: Infinity War)〉, 〈솔로: 스타워즈 스토리(SOLO: A Star Wars Story)〉, 〈인크레더블 2(The Incredibles 2)〉, 〈앤트맨과 와스프(Ant-Man and The Wasp)〉, 〈크리스토퍼 로빈(Christopher Robin)〉, 〈호두까기인형과 4개의 왕국(The Nutcracker and the Four Realms)〉, 〈랄프, 인터넷을 넒다(Ralph Breaks the Internet)〉, 〈메리 포핀스 리턴즈(Mary Poppins Returns)〉
2019	〈캡틴 마블(Captain Marvel)〉, 〈덤보(Dumbo)〉, 〈펭귄(Penguins)〉, 〈어벤져스: 엔드 게임(Avengers: Endgame)〉, 〈알라딘(Aladdin)〉, 〈다크 피닉스(Dark Phoenix)〉, 〈토이 스토리 4(Toy Story 4)〉, 〈스터버(Stuber)〉, 〈라이언 킹(The Lion King)〉, 〈레이싱 인 더 레인(The Art of Racing in the Rain)〉, 〈애드 아스트라(Ad astra)〉, 〈말레피센트 2(Maleficent: Mistress of Evil)〉, 〈포드와 페라리(Ford v Ferrari)〉, 〈겨울왕국 2(Frozen 2)〉, 〈스타워즈: 라이즈 오브 스카이워커(Star Wars: The Rise of Skywalker)〉, 〈변장한 스파이(Spies in Disguise)〉
2020	〈뮬란(Mulan)〉, 〈뉴 뮤턴트(The New Mutants)〉, 〈더 킹스 맨(The King's Man)〉, 〈블랙 위도우(Black Widow)〉

　　월트 디즈니 스튜디오는 크게 제작·배급·음악·연극·기타(기술 등) 5개 부문으로 구분된다. 95년이 넘는 기간 동안 월트디즈니그룹의 기반이 된 월트 디즈니 스튜디오는 영화, 에피소드 스토리텔링Episodic storytelling, 음악과 무대 연극까지 제작하고 배급하고 있다. 그중에서 제작사를 중심으로 간단히 소개하면서 그들의 역량을 알아보고자 한다.

월트 디즈니 스튜디오

제작	배급	음악	연극	기타
실사 영화 • 월트디즈니픽처스 • 디즈니네이처 • 루카스필름 • 마블스튜디오 • 서치라이트픽처스 • 폭스2000픽처스 • 20세기스튜디오(20세기폭스) **애니메이션** • WDAS • 픽사 • 20세기폭스애니메이션 • 블루스카이스튜디오	• 월트디즈니스튜디오스 모션 픽처스 • 월트디즈니스튜디오스 마케팅 • 월트디즈니스튜디오스 스페셜이벤트 • 브에나비스타 인터내셔널 • 소니픽처스 릴리징월트디즈니스튜디오 (합작투자)	• 월트디즈니레코드 • 할리우드레코드 • 폭스뮤직 • 디즈니뮤직퍼블리싱	• 디즈니 연극 프로덕션(디즈니 온 브로드웨이) • 디즈니 연극 라이선싱 • 디즈니라이브패밀리엔터테인먼트(DLFE) • 디즈니온아이스 • 디즈니라이브! • 월트디즈니스페셜이벤트그룹	• 스튜디오 제작 서비스 Walt Disney Studios(버뱅크) • 골든오크 목장 • The Prospect Studios • KABC Studio B • 디즈니디지털스튜디오 서비스[12] • 폭스 VFX 랩

● **월트디즈니픽처스**

1923년 월트 디즈니와 로이 디즈니 형제가 설립한 애니메이션 스튜디오를 시초로 1983년 현재의 이름을 갖게 된 월트디즈니픽처스는 가족과 함께 볼 수 있는 영화, 판타지 위주의 영화를 제작한다. 월트디즈니픽처스가 다른 제작사와 가장 다른 것은 창립 이념에 따라 성인용 콘텐츠는 만들지 않는다는 점이다.

디즈니픽처스는 오랜 역사와 역대급 킬러 콘텐츠를 보유하고 있어 일일이 나열하기 불가능할 정도여서 2000년대와 2010년대의 특징 있는 영화를 소개한다. 물론 이들 영화만으로 디즈니의 파워는 대단함을 알 수 있고 이후에 소개되는 다른 제작사에서도 그 힘을 느낄 수 있을 것이다.

2000년대

디즈니랜드에 실제 존재하는 '캐리비안의 해적' 놀이기구를 모티브로 제작된 영화 〈캐리비안의 해적〉은 2003년 〈캐리비안의 해적: 블랙 펄의 저주Pirates of the Caribbean: The Curse of the Black Pearl〉를 시작으로 〈망자의 함〉(2006), 〈세상의 끝에서〉(2007), 〈낯선 조류〉(2011), 〈죽은 자는 말이 없다〉(2017)까지 총 5편을 제작했다. 기존에 '해적'을 주제로 다룬 영화와 달리 '해리 포터' 시리즈, '반지의 제왕' 시리즈와 함께 2000년대 가장 흥행에 성공한 블록버스터급 영화로 알려진 〈캐리비안의 해적〉은 그동안 디즈니픽처스가 PG(전체 연령 관람가)나 G등급(7세 이상 관람)만 배급한 관례를 깨고 PG-13(15세 이상 관람가) 등급임에도 디즈니 브랜드를 달고 배급한 첫 영화로 기록되고 있다. 2021년 5월, 6편 〈크라켄의 귀환〉 상영을 앞두고 있으며 지금까지 제작한 5편의 극장 수익만 45억 2,440만 달러(약 5조 4,293억 원)로 알려졌다.

2007년 개봉한 코미디 뮤지컬 영화 〈마법에 걸린 사랑Enchanted〉은 2004년 디즈니가 영화와 애니메이션의 결합을 예고한 이후 처음 만들어진, 실사 영화와 CG를 합성해 디즈니의 전통 캐릭터를 영화 속으로 대거 소환시킨 것으로 유명하다. 아카데미 음악상과 주제가상을 8번이나 수상한 뮤지션 앨런 맹컨_{Alan Menken}이 영화 음악을 작곡하면서 작품성도 일정 부분 호평을 받았다. 극장 수익은 전 세계적으로 3억 4,000만 달러(약 4,080억 원)라는 괜찮은 성적을 거둔 영화다. 이 밖에 디즈니픽처스는 영국 소설가 클라이브 스테이플스 루이스의 소설 『나니아 연대기』를 2005년과 2008년 각각 영화화했다.

2010년대

디즈니픽처스는 팀 버튼 감독의 〈이상한 나라의 앨리스〉를 시작으로 2010년대에도 다양한 영화를 제작한다. 특히 2010년대는 디즈니의 영화 소재 전략에 따라 대중에게 친숙한 디즈니 애니메이션을 실사 영화의 소재로 적극 활용한다.

2014년 개봉한 안젤리나 졸리 주연의 〈말레피센트_{Maleficent}〉는 1959년 애니메이션 〈잠자는 숲속의 마녀〉를 소재로 이용한다. 악당(말레피센트) 입장에서 이야기를 이끌어가는 다크 판타지 영화로 1억 8,000만 달러(약 2,160억 원)의 제작비를 투자했지만 전 세계적으로 7억 5,841만 달러(약 9,100억 원)의 흥행 수익을 올리며 2019년 〈말레피센트 2〉까지 제작*하게 된다.

2017년 엠마 왓슨 주연의 뮤지컬 영화 〈미녀와 야수〉는 1991년 디즈니 애니메이션으로 큰 흥행을 거둔 바 있는 〈미녀와 야수〉를

---

* 〈말레피센트 2〉는 1편 흥행 성적보다 부진한 4억 9,173억 달러의 극장 수익을 거뒀다.

실사 영화로 제작하면서 1억 6,000만 달러(약 1,920억 원)의 제작비로 8배 가까운 12억 6,300만 달러(약 1조 5,156억 원)를 벌어들인 대박 난 영화[*2]다.

2019년 윌 스미스와 나오미 스콧 주연 영화 〈알라딘〉 또한 1992년 디즈니 애니메이션을 실사화한 영화로 1억 8,300만 달러의 제작비로 10억 506만 달러(약 1조 2,607억 원)의 수익을 거뒀다. 이 밖에 디즈니픽처스는 조지 클루니 주연의 〈투모로우랜드 Tomorrowland〉(2015), 〈거울 나라의 앨리스Alice Through the Looking Glass〉 (2016) 등을 2010년대에 제작했다.

● 루카스필름

루카스필름은 1971년 할리우드의 영화감독인 조지 루카스 Geoge Walton Lucas Jr.가 설립한 미국의 영화와 TV 프로그램 제작사다. 1977년부터 시작된 '스타워즈' 시리즈와 1984년 제작된 '인디아나 존스' 시리즈를 제작한 스튜디오로 유명하다. 루카스필름이 제작한 〈스타워즈〉와 〈인디아나 존스〉는 개봉 당해인 1977년과 1984년 최고의 흥행 순위 1위를 기록하며 제작사 루카스필름의 가치를 높인 영화라 할 수 있다.

대표작인 〈스타워즈〉와 〈인디아나 존스〉에서 알 수 있듯이 영화에 많은 특수 효과를 사용하기 때문에 영화 시각 효과 스튜디오인

---

* 미국에서 5억 400만 달러, 글로벌에서 7억 5,900만 달러의 극장 수익을 올렸다.

루카스필름

출처: www.lucasfilm.com/careers/

ILMIndustrial Light & Magic과 음향회사 스카이워커Skywalker, 애니메이션 제작사인 루카스필름애니메이션, VR 기술 연구소 ILM 익스피리언 스 랩ILMxLAB 등의 기술 자회사를 보유하고 있다.

디즈니가 2006년 픽사, 2009년 마블에 이어 2012년 루카스필름을 40억 5,000만 달러(약 4조 8,600억 원)에 인수하면서 루카스필름은 〈스타워즈〉와 〈인디아나 존스〉의 판권과 더불어 디즈니그룹의 일원이 되었다.

● 마블스튜디오

마블스튜디오는 슈퍼 히어로물을 출판하는 마블코믹스(1939년 설립)를 기반으로 1998년 만들어진 마블엔터테인먼트의 제작 스튜디오다. 영화 〈블레이드Blade〉를 시작으로 '엑스맨'(2000) 시리즈, '스파이더맨'(2002) 시리즈, '판타스틱 4'(2005) 시리즈, '데드풀'(2016) 시리즈와 〈로건Logan〉(2017), 〈베놈Venom〉(2018) 등을 제작했다.

마블은 여러 번의 인수 합병을 거치면서 많은 비하인드 스도리만큼이나 보유하고 있는 판권·배급사도 복잡하다. 1996년 마블이 영화와 TV 제작사였던 '뉴월드커뮤니케이션즈'를 폭스그룹에 매각했고 1998년 폭스가 마블스튜디오를 설립했다. 약 10년간 폭스그룹 소속이던 마블은 〈아이언맨〉(2008) 개봉 이듬해인 2009년 모회사 마블엔터테인먼트를 월트디즈니그룹에 40억 달러(약 4조 8,000억 원)에 매각하면서 마블스튜디오는 현재 디즈니의 일원이 되었다. 그래서 〈아이언맨 1·2〉, 〈토르〉(2011), 〈캡틴 아메리카〉(2011)는 파라마운트픽처스가, 〈인크레더블 헐크〉(2008)는 유니버설픽처스가 배급했으나 2012년 〈어벤져스〉부터는 마블스튜디오가 제작하고 월트디즈니픽처스가 배급하기 시작했다.

그럼에도 불구하고 마블의 유명 히어로인 '스파이더맨'은 〈어벤져스〉에 등장하지 못했다. 사람들은 언제 스파이더맨이 〈어벤져스〉에 등장하느냐에 관심을 쏟았는데 이는 2002년부터 2014년까지 영화로 제작된 〈스파이더맨〉의 캐릭터 판권이 소니에 있기 때문이다.

각종 소송전으로 파산까지 신청했던 마블이 1998년 파산에서 간신히 벗어났지만, 1999년 스파이더맨에 대한 권리를 소니에게 700만 달러에 매각해 스파이더맨 캐릭터 판권이 소니픽처스엔터테인먼트에 넘어간 것이다.[3] 다행히 2015년 소니가 배급한 〈어메이징 스파이더맨 2The Amazing Spider-Man 2〉의 흥행 실패 이후, 소니는 디즈니와 향후 스파이더맨 영화 제작을 협력하기로 했다. 이에 따라 2016년 〈캡틴 아메리카: 시빌 워Captain America: Civil War〉부터 스파이더맨이 등장하게 되었고 2017년 개봉한 〈스파이더맨: 홈커밍〉부터 콜롬비아픽처스와 마블스튜디오가 함께 제작에 참여하게 됐다. 스파이더맨이 출연한 〈캡틴 아메리카〉(2016), 〈어벤져스: 인피니티 워〉(2018), 〈어벤져스: 엔드게임〉(2019)은 모두 그해 박스오피스 흥

마블스튜디오

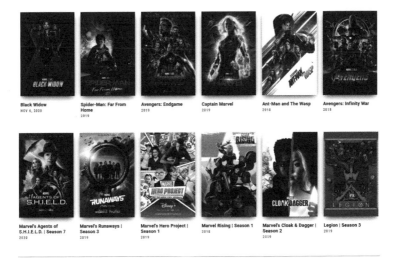

Black Widow
NOV 6, 2020

Spider-Man: Far From Home
2019

Avengers: Endgame
2019

Captain Marvel
2019

Ant-Man and The Wasp
2018

Avengers: Infinity War
2018

Marvel's Agents of S.H.I.E.L.D. | Season 7
2020

Marvel's Runaways | Season 3
2019

Marvel's Hero Project | Season 1
2019

Marvel Rising | Season 1
2018

Marvel's Cloak & Dagger | Season 2
2019

Legion | Season 3
2019

출처: www.marvel.com/movies, https://www.marvel.com/tv-shows

행 1위를 기록하게 됐다. 마블은 영화뿐 아니라 〈에이전트 오브 쉴드Agents of S.H.i.e.l.d〉(2020) 같은 TV 시리즈도 제작하면서 콘텐츠 양을 확대하고 있다.

● 20세기스튜디오

우리에겐 21세기폭스라는 이름이 더 익숙한 20세기스튜디오는 1915년 윌리엄 폭스가 폭스영화사Fox Film Corporation를 설립해 1920년대에 주요 메이저 배급사로 이름을 떨친 영화 제작사다. 최초의 영화 뉴스 제작에 성공했지만, 대공황의 여파로 1930년에 파산하게 되었는데 1935년 20세기영화사20th Century Pictures가 인수·합병하면서 지금의 모습을 갖추게 되었다.

1980년대 재정적 위기를 겪은 20세기폭스를 루퍼트 머독의 뉴스코퍼레이션News Corporation이 인수해 1984년부터 2013년까지 운영하다가 2013년 7월 1일부터 사업 분야를 신문·출판(뉴스코퍼레이션)과 미디어(폭스엔터테인먼트그룹) 2개 부문으로 나누어 운영하게 되었다. 이때 20세기폭스에서 21세기폭스로 이름이 변경되었다. 이후 2017년 디즈니가 NBC유니버설의 모기업인 컴캐스트와 경쟁 끝에 21세기폭스를 최종 인수하기로 결정(2018년 6월)되면서 마침내 2019년 3월 월트디즈니그룹의 일원이 되었다.

20세기폭스 때부터 〈사운드 오브 뮤직〉, 〈혹성탈출〉, 〈스타워즈〉 등 고전 영화와 '에일리언' 시리즈, '프레데터' 시리즈, '다이 하드' 시리즈, '나 홀로 집에' 시리즈 등 막강 시리즈를 제작했다. 한 시대를 풍미했던 〈미세스 다웃파이어〉(1993), 〈타이타닉〉(1997)과 〈캐스트 어웨이〉(2000), 〈아바타〉(2009)를 제작했을 뿐 아니라 역대 최장수 TV 애니메이션 〈심슨 가족〉(1989~현재)도 제작하고 있다.

폭스는 1977년 첫 〈스타워즈〉부터 2005년 〈시스의 복수Star Wars: Episode III - Revenge of the Sith〉까지의 모든 스타워즈 영화 시리즈, '엑스맨'(2000~2014) 전 시리즈(7편), 〈킹스맨: 시크릿 에이전트〉와 〈킹스맨: 골든 서클〉(2015~2017), 〈데드풀 1·2〉(2016~2018)를 배급 하는 등 막강한 배급 능력까지 갖추고 있다.

● 월트디즈니애니메이션스튜디오

TV와 영화 애니메이션에서 WDAS는 빼놓을 수 없는 원류源流라 할 수 있다. WDAS는 최초 장편 애니메이션 영화인 1937년의 〈백설공주와 일곱 난쟁이〉부터 2019년의 〈겨울왕국 2〉를 제작하면서

WDAS 모바일

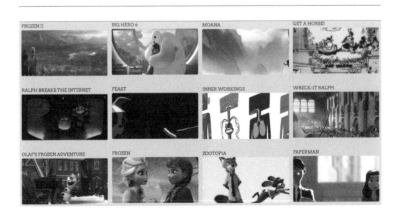

출처: www.disneyanimation.com/projects

80년 이상 최고·최대의 애니메이션 제작사로 평가받고 있다. 〈피노키오〉, 〈잠자는 숲속의 공주〉, 〈정글북〉 같은 고전 애니메이션부터 〈인어공주〉, 〈라이온 킹〉 같은 극장용 애니메이션 시대를 연 작품, 애니메이션 영화 사상 최고 흥행작인 〈겨울왕국〉까지 WDAS가 제작한 작품이다.

이 밖에 〈빅 히어로〉(2015), 〈주토피아〉(2016), 〈모아나〉(2017), 〈주먹왕 랄프 2〉(2018) 등 국내에서도 작품성과 흥행성을 인정받고 있는 작품을 제작했다. 〈겨울왕국〉, 〈주토피아〉, 〈코코〉로 2016년부터 2018년까지 3년 연속 아카데미 시상식 장편애니메이션 부문을 독식할 정도로 WDAS는 막강한 제작 능력을 보유하고 있다.

● **픽사**

픽사라고 불리는 픽사애니메이션스튜디오스Pixar Animation Studios는 최고의 CG와 3차원 그래픽 기술, 특히 애니메이션을 사실적으로 표현하는 업계 표준 렌더링 소프트웨어 렌더맨Renderman을 보유하고 있는 그래픽 테크 애니메이션 영화 제작사로 유명하다.

디즈니 애니메이션과는 표현·스토리 등 다른 느낌의 애니메이션을 제작해 많은 관객으로부터 사랑받던 픽사지만 2006년 디즈니그룹이 74억 달러(약 8조 9,000억 원)에 인수해 현재 픽사는 디즈니 패밀리 기업의 일원이 되었다. 인수 이후에도 〈업(Up)〉, 〈인사이드 아웃〉, 〈코코〉 등 픽사 고유의 느낌을 간직한 애니메이션을 제작하고 있다.

픽사 모바일

출처: www.pixar.com/feature-films-launch

　픽사는 1995년 개봉한 최초의 장편 CG 애니메이션 〈토이 스토리〉를 시작으로 2020년 〈온워드ONWARD〉까지 총 22편의 애니메이션을 제작했다. 우리에게 잘 알려진 〈니모를 찾아서〉(2003), 〈토이 스토리 3〉(2010), 사람의 감정을 캐릭터화(기쁨·슬픔·까칠·소심·버럭)해 인간 본연의 모습을 보여준 〈인사이드 아웃〉(2015) 등은 역대급 수익을 기록한 영화로 유명하다.

　이 밖에 픽사는 〈인크레더블〉(2018), 뮤지컬 애니메이션 〈코코〉(2017), 〈CAR〉, '몬스터' 시리즈(몬스터 주식회사, 호텔, 캠퍼스), 〈업〉(2009), 〈월-E〉(2008), 〈벅스 라이프〉(1998)처럼 주옥같은 애니메이션을 제작하면서 15번의 아카데미상, 7번의 골든글로브상, 11번의 그래미상 등을 수상해 기술력과 작품성·흥행성을 인정받는 콘텐츠 제작 스튜디오다.

● 블루스카이스튜디오

블루스카이스튜디오는 1987년 크리스 웨지, 마이클 페라로, 칼 루드비히, 앨리슨 브라운, 유진 트로베츠코이에 의해 설립된 미국의 CG 기반의 애니메이션 영화 제작 스튜디오다. 블루스카이스튜디오는 메이저 영화사의 CG와 특수 효과 제작을 담당하다가 1997년 20세기폭스 계열사로 합류하게 되었다.

블루스카이가 제작해 2002년 개봉한 3D 애니메이션 〈아이스에이지Ice Age〉가 큰 성공을 거둔 이후 지속적으로 장편 애니메이션 영화를 제작했으나 디즈니나 픽사, 드림웍스 같은 존재감을 드러

블루스카이스튜디오

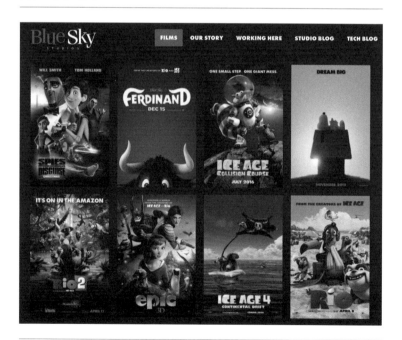

출처: http://blueskystudios.com/films/

내진 못했다. 2013년 3D 애니메이션 〈에픽: 숲속의 전설〉은 주인공 MK 목소리에 영화 〈맘마미아〉의 소피, 〈레미제라블〉의 코제트역을 맡았던 아만다 미셸 사이프리드가 출연하는 등 1억 달러(약 1,200억 원)의 제작비를 투자해 작품성은 인정받았지만 같은 해에 개봉한 〈겨울왕국〉과 달리 흥행에서는 성공하진 못했다. 2017년 월트디즈니그룹이 모기업 20세기폭스를 인수하면서 블루스카이도 디즈니 패밀리 기업의 일원(월트디즈니모션픽처스그룹 계열사)이 되었다.

디즈니의
스트리밍 전략

지금까지 월트디즈니그룹의 미디어 네트워크와 제작 스튜디오를 통해 디즈니만의 콘텐츠 힘에 대해 알아봤다면 이제부터는 이러한 강력한 무기를 갖추고 있는 디즈니가 넷플릭스와 경쟁하기 위해 선보인 새로운 스트리밍 서비스 '디즈니플러스'에 대해 얘기하고자 한다.

디즈니는 2020년 새해부터 DTCI를 사업 부문(디즈니플러스, 훌루, ESPN플러스, 핫스타) 전면에 내세우기 시작했다. DTCI 사업 부문 중에서도 디즈니플러스에 핵심역량을 담기 시작했다. 2019년 11월 스트리밍 서비스 시장에 진입한 디즈니는 서비스 런칭 첫날에만 무려 1,000만 구독자를 확보하는 기염을 토했다. 2019년 12월 말 모집한 2,650만 구독자는 코로나-19를 거치면서 급증하며 2020년 1분기 5,500만 명, 2분기 6,000만 명을 넘어섰는데 출시 1년 만에 1억 명을 돌파할지 벌써 관심이 모아지고 있다.

많은 전문가가 강력한 콘텐츠와 저렴한 가격을 앞세운 디즈니플러스가 넷플릭스와 스트리밍 시장에서 한바탕 전쟁을 펼칠 것으로 예상은 했지만 디즈니플러스의 파죽지세는 예상을 훨씬 뛰어넘었다. 월스트리트의 애널리스트인 버니 맥터넌Bernie McTernan은 2020년 새해를 전망하면서 디즈니플러스의 2019년 12월 말 가입자를 2,100만으로 보고 2020년 1분기 가입자가 2,500만까지 증가할 것이라고 예상했지만[4] 결과적으로 그의 예상보다 2배가 넘는 사람이 디즈니플러스를 구독한 것이다. 넷플릭스가 그동안 개척한 스트리밍 서비스를 맛본 시청자의 경험과 코로나-19라는 사회적 현상이 만나면서 예상치 못한 결과를 낳은 셈이다.

디즈니플러스의 강점은 경쟁사 넷플릭스의 베이직 요금(8.99달러)보다 저렴한 월 6.99달러라는 점이다. 여기에 다양한 선택(옵션)이 생긴다. 1년 선불 구독 시에는 69.99달러, 즉 월 5.83달러면 이용할 수 있다. 계열사인 훌루(월 5.99달러)와 ESPN플러스(월 4.99달러)를 묶어 번들로 가입하면 월 12.99달러(약 1만 5,588원)에 모든 콘텐츠를 이용할 수 있다. 독보적인 스포츠 콘텐츠를 보유하고 있는 ESPN이기에 스포츠 마니아는 좀처럼 견디기 어려운 유혹이 될 수 있다. 물론 2020년에 거의 모든 스포츠가 열리지 않았기 때문에 코로나-19가 끝나고 스포츠 경기가 재개되면 디즈니플러스는 또 한 번의 점프를 할 가능성이 매우 크다.

디즈니플러스는 디즈니의 막강한 콘텐츠와 디즈니플러스만의 오리지널 콘텐츠까지 확보함으로써 사람들을 매료시키고 넷플릭스와 다른 OTT 경쟁사들을 긴장시키고 있다. 또 하나 디즈니가 다른 경쟁사를 긴장시키고 있는 것이 있다. 디즈니의 현지화 전략이다. 그동안 디즈니는 해외에 진출할 때 현지 사업자와 손을 잡는 일이 매우 드물었다. 그런 디즈니가 유럽 시장 진출을 위해 프랑스 최고 콘텐츠 기업인 카날플러스Canal+와 독점 유통 계약을 맺고 프랑스에서 디즈니플러스를 서비스할 때 카날프러스가 단독 배포할 수 있는 독점권을 주었다. 디즈니의 이러한 협업 전략은 20여 년간 지속적인 협업 관계에 있던 카날플러스였기에 가능한 일인 동시에 문화적 자존심이 강한 프랑스인에게 보다 쉽게 다가가기 위한 방법의 일환이다.

디즈니플러스의 대표를 맡았던 케빈 메이어Kevin Mayer의 프랑스 현지 신문 인터뷰는 이러한 디즈니의 현지화 전략을 잘 설명해준다. 그는 "우리에게 가장 중요한 것은 그들의 습관, 그들이 보고 싶어 하는 콘텐츠에 가장 잘 맞는 방법으로 접근하고 지역적으로 맞는 방법으로 접근해 미래의 소비자의 수요를 충족시키는 것이다." 그러면서 케빈 메이어는 다른 곳에서는 다른 파트너십을 형성할 것이라고 밝히면서 디즈니가 그동안의 단독 진출의 전략을 버리고 현지 미디어 사업자들과 손을 잡겠다는 의지를 보여줬다. 현재 디즈니플러스는 미국·유럽·오스트레일리아·뉴질랜드·인도·일본 등에 진출해 스트리밍 서비스를 하고 있다.

디즈니는 일본 진출을 위해 일본 사업자 NTT도코모와 독점 제휴 계약을 맺고 2020년 6월 서비스를 시작했다. 픽사, 루카스필름, 마블, 내셔널지오그래픽, 스타워즈 등 100여 편의 디즈니플러스 오리지널 콘텐츠와 500편의 영화 등 미국에서 서비스하고 있는 대부분을 일본에서도 서비스할 것이라고 밝힌 바 있다. 프랑스의 카날플러스, 일본의 NTT도코모와 협업을 통해 현지 시장을 진출하겠다는 디즈니의 전략에 따라 우리나라에서는 어느 사업자와 손을 잡고 언제 서비스를 진출할지 눈여겨볼 대목이다.

디즈니플러스에는
그들만의 오리지널이 있다

넷플릭스의 오리지널 콘텐츠는 장르의 다양성이 높은 반면 선정성과 폭력성 등 표현 수위가 매우 높은 성인물 위주로 구성되어 있어 TV 앞에서 가족과 함께 보기보다는 패드, 태블릿PC, 스마트폰 등 개인화된 기기를 통해 혼자 보는 경우가 많을 수밖에 없다. 반면 디즈니의 콘텐츠는 전통적인 디즈니의 이념에 따라 제작되어 가족 단위로, 대형 TV를 통해 거실에서 볼 수 있는 경험을 보다 많이 제공할 것이라고 예상해본다.

넷플릭스가 구독료를 지불하는 성인 개인을 초점으로 오리지널 콘텐츠를 제작하고 서비스한다면 디즈니는 가족과 함께 시청하는 콘텐츠를 제작하고 서비스하는 각자의 포지셔닝을 유지할 것이다. 디즈니 이념을 바탕으로 디즈니 패밀리가 만드는 디즈니플러스 오리지널 콘텐츠는 구독자에게 그래서 특별한 것일 것이다. 서비스 시작(2019년 11월)이 얼마 되지 않은 시점에서 코로나-19는 콘텐츠 제작에 적지 않은 어려움을 안겨줬지만 디즈니플러스만의 오리지널 콘텐츠는 스트리밍 사업자로서 디즈니를 퀀텀 점프시켰음을 여실히 보여줬다.

〈더 만달로리안〉과 오리지널 콘텐츠

디즈니플러스는 2019년 런칭하면서 '스타워즈'의 스핀오프* 드라마이자 디즈니플러스에서만 볼 수 있는 오리지널 콘텐츠 〈더 만달로리안 시즌 1〉 8편을 공개했다. 〈더 만달로리안〉은 〈스타워즈 에피소드 6: 제다이의 귀환〉과 〈스타워즈: 깨어난 포스〉 사이의 이야기를 다뤘는데 현상금 사냥꾼 '만달로리안'의 활약을 그린 시리즈물이다. 디즈니의 〈더 만달로리안〉이 넷플릭스의 〈기묘한 이야기〉보다 더 많은 시청자가 시청했다.

디즈니 CEO를 역임했던 밥 아이거**는 〈더 만달로리안〉을 시청한 사람의 65%가 디즈니플러스 안에서 10여 편의 새로운 콘텐츠를 추가로 시청했다고 밝히면서 오리지널 콘텐츠의 중요성을 강조하기도 했다. 또한 그는 〈더 만달로리안〉의 성공 비결과 앞으로 계획에 대해 이렇게 말했다. "〈스타워즈〉에 대한 사전 지식이 없어도

---

* 스핀오프(Spin-off)는 기존의 작품(본편)에서 따로 파생되어 나온 작품을 말한다. 주로 TV 드라마나 영화·만화 분야에서 쓰인다.
** 2020년 2월, 15년간 디즈니 CEO를 지냈던 밥 아이거(Robert Iger)가 퇴임하고 그 자리를 밥 채펙(Bob Chapek)에게 물려줬다.

〈더 만달로리안〉을 즐기기에 충분하다. 이 점이 〈더 만달로리안〉이 성공하는 데 큰 작용을 했다고 생각한다. 우리는 그동안 〈스타워즈〉 관련 영화를 여러 편 제작했고 박스오피스에서 성공적이었다. 하지만 만족스럽지 못한 비판적인 시각도 적지 않았다. 〈더 만달로리안〉의 성공은 치열한 스트리밍 시장에서 (디즈니플러스가) 스타트하는 데 큰 도움을 주었고 우리는 앞으로 몇 년간은 TV를 우선순위로 제작하게 될 것이다."

디즈니플러스의 오리지널 콘텐츠 생산은 이제 시작이다. 2020년 하반기, 마블의 〈캡틴 아메리카〉 스핀오프 시리즈인 〈팔콘과 윈터 솔저The Falcon and The Winter Solier〉 6부작과 〈더 만달로리안 시즌 2〉, 슈퍼 히어로 드라마 〈완다비전〉* 8편이 예정되어 있다. 2021년 토르의 동생이었던 '로키Loki'를 주인공으로 하는 드라마까지 오리지널 콘텐츠로 제작하고 서비스하는 만큼 더 많은 예비 구독자에게 디즈니플러스를 시청하게 하는 경험을 제공할 계획이다. 넷플릭스도 그랬지만 이러한 시청 경험은 콘텐츠의 경쟁력이 입증되면 가입자 폭발이라는 결과로 이어지기 마련이다.

〈해밀튼〉

디즈니플러스는 2020년 7월 3일 뮤지컬 〈해밀튼Hamilton〉을 스

---

* 〈완다비전(WandaVision)〉은 영화 '어벤져스' 시리즈에서 서로 사랑하는 사이였던 실험으로 만들어진 강화 인간 스칼렛 위치와 전신이 비브라늄으로 덮여 있고 이마에 마인드 스톤을 갖고 있던 비전의 로맨스를 담은 디즈니플러스 오리지널 드라마 콘텐츠다.

트리밍 서비스했다. 7월 4일 독립기념일을 앞두고 미국 건국의 아버지 알렉산더 해밀턴Alexander Hamilton의 일대기를 그린 브로드웨이 뮤지컬 공연을 선보인 것이다. 뮤지컬 〈해밀턴〉은 2016년 뮤지컬계의 아카데미상이라 불리는 토니상에서 최우수작품상 등 11개 부문을 석권했다. 이 작품은 디즈니가 워너브라더스와 경합을 벌인 끝에 7,500만 달러(약 900억 원)의 판권료를 지불하고 스크린 상영 권리를 획득하면서 디즈니플러스에서 독점(익스클루시브)으로 스트리밍하게 되었다.

〈해밀턴〉은 뉴욕 공연 실황을 6대의 카메라가 촬영한 후 편집한 것이다. 원래는 2021년 10월 극장에서 개봉하려고 했으나 코로나-19로 디즈니가 계획을 바꿔 디즈니플러스에서 공개했다. 뮤지컬 〈해밀턴〉을 공개하자 전 세계적으로 이를 시청하려는 75만 명 이상이 디즈니플러스 앱을 다운로드했다고 한다. 이러한 수치는 공개하기 전주인 2020년 6월 4주 차에 비해 글로벌 46%, 미국에서는 74%나 높은 수치인데 디즈니가 2020년 6월 중순, 디즈니플러스의 7일간 무료 이용 기간을 중단시킨 이후라는 것을 감안하면 매우 높다는 것을 알 수 있다.

디즈니플러스의 뮤지컬 공연 스트리밍 서비스로 인해 VOD 뮤직 라이브 이벤트 판도가 바뀌게 되었다. 스트리밍 서비스 기업이 막강한 자본력을 바탕으로 라이브 이벤트를 VOD로 제작하면서 품질과 시장 사이즈가 달라지게 된 것이다. 실제로 넷플릭스도 비욘세의 2018년 코첼라 밸리 페스티벌 공연을 VOD로 제작해

2019년 4월 스트리밍 서비스를 했는데 그동안의 라이브 이벤트 녹화 공연과는 차원이 다른 영상 화질과 음질로 현장을 생생히 재현해 감동을 제공했다는 평가를 받았다. 향후 보다 많은 공연 실황이 스트리밍 서비스로 선보이게 되면 OTT 사업자들은 인기 가수의 팬을 새로운 구독자로 확보할 수 있게 되고, 공연 제작자들은 글로벌 시청자에게 동시 서비스를 통해 단기간에 많은 수익을 확보할 수 있게 되어 모두에게 윈윈이 되는 새로운 시장이 열릴 것이다.

〈뮬란〉

1998년 제작된 디즈니 애니메이션을 실사 영화로 제작한 〈뮬란〉은 코로나-19로 개봉 시기를 수차례 미뤄왔으나 결국 극장 개봉을 포기하고 디즈니플러스를 통해 2020년 9월 4일 개봉하기로 했다. 코로나-19로 어쩔 수 없는 선택이었지만 다른 한편으로는 단기간에 6,000만 구독자를 확보한 디즈니플러스가 새로운 비즈니스의 창구 역할을 할 수 있다는 기대감이 섞인 결정이었을 것이다. 이에 대해 CEO 밥 채펙도 "1년도 되지 않아 고객 직접 시장Direct to Consumer에서 디즈니플러스가 확실히 자리 잡았다. 〈뮬란〉의 온라인 개봉도 새로운 도전이 될 것이다"라고 설명하고 있다.

그러나 디즈니는 영화 〈뮬란〉을 보려면 디즈니플러스의 월 구독료(6.99달러) 외에 29.99달러, 우리 돈으로 약 3만 6,000원을 추가 지불해야 한다고 밝혀 사람들의 고개를 갸우뚱하게 했다. 일반 극장요금의 3배가량을 추가로 지불해야 하고 디즈니플러스의 월 구독료까지 생각하면 4배에 가까운 요금이기 때문이다. 아마도 디즈니는 1인 가구에 4명 정도 되고, 미국 가정에서 영화를 관람하기 위해 한 달에 60달러 정도를 쓴다는 통계를 바탕으로 요금을 책정했을 것으로 추정한다.

혹자는 이번 기회에 디즈니가 디즈니플러스의 가입자를 획기적으로 늘리는 수단으로 영화 〈뮬란〉을 사용하지 않을까 하는 예상과 기대를 했겠지만, 코로나-19로 디즈니랜드 등 테마파크 사업이 직격탄을 맞은 경영 상황을 감안하면 디즈니가 쉽게 내릴 수 있는 결정은 아닌 것이다. 이제 디즈니는 얼마나 많은 사람이 디즈니플러스를 통해 영화 〈뮬란〉을 추가 구매할지 기대 반 걱정 반의 심정으로 온라인 개봉을 초조하게 기다릴 것이다.

영화 〈뮬란〉의 제작비를 2억 달러(약 2,400억 원)로 가정하면 6,000만 구독자 중 약 11%인 660만 명이 〈뮬란〉을 추가 구매해야 제작비를 회수할 수 있다는 계산이 나온다. 하지만 2019년 개봉했던 〈알라딘〉의 극장 수익 10억 달러를 기준으로 하면 구독자의 절반 이상인 3,300만 명이 〈뮬란〉을 추가 구매해야 한다는 단순 계산이 나온다. 물론 스트리밍으로 서비스를 하면 극장과 수익을 나누지 않아도 되므로 이보다 훨씬 적은 2,000만 명만 추가 구매해도 〈알라딘〉 수준의 수익을 낼 수 있을 것이다. 하지만 전체 구독자의 3분의 1이 구매하는 것도 쉬워 보이진 않는다. 디즈니는 의도치 않게 스트리밍 서비스의 시장성을 시험하는 또 다른 모험을 선택하게 된 셈이다.

영화 〈뮬란〉은 중국 당나라 태종 때를 시대 배경으로 하고 있고 주인공 뮬란 역에 중국 배우 유역비를 포함해 이연걸, 견자단, 공리 등이 대거 출연한다. 그만큼 디즈니는 중국 내에서 흥행을 기대했을 것이다. 하지만 코로나-19로 미국 내에서 극장 개봉 대신 디즈니플러스 스트리밍을 통해 서비스하기로 한 디즈니는 거대 시장 중국을 비롯해 디즈니플러스가 서비스되지 않는 국가에서 어떤 방법으로 〈뮬란〉을 공개할지 고민이 많았을 것으로 짐작은 되었다.

그러던 중 마침내 디즈니가 〈뮬란〉을 중국 극장에서 개봉하기로 확정했다는 소식이 발표됐다.[5] 코로나-19로 재정적 어려움을 겪는 상황에서 중국 시장을 포기해야 할지 모르는 절망의 순간에 중국 영화관에서 개봉을 승인받았다는 희망적인 소식이 날아온 셈이다.

디즈니는 중국 소셜 미디어 웨이보에 "목련꽃이 피울 때 그 명성에 맞게 살아야 하고 약속대로 도착해야 한다"는 내용의 사자성어를 사용해 '〈뮬란〉의 (중국 내) 수입이 확정되어 곧 극장에서 꽃 피우게 될 것입니다. 만나기를 기대합니다!'라는 공지를 올렸다. 그만큼 중국 시장에서 기대하는 바가 컸다는 반증이다. 거의 같은 시기에 월트디즈니컴퍼니코리아를 통해 디즈니플러스가 서비스되지 못하는 한국에서도 9월에 극장 개봉을 하기로 확정했다는 밋밋한 발표가 있었다.

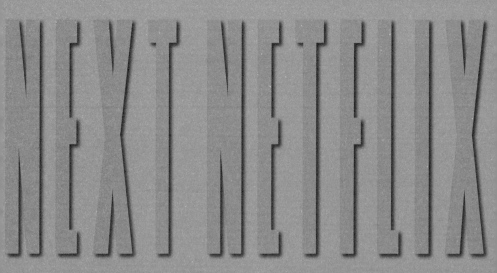

5장

미디어 공룡
NBC유니버설의 피콕

5장을 기획할 당시인 2020년 2월만 해도 피콕 서비스 런칭에 대해 상당히 기대했다. 그러나 코로나-19로 도쿄올림픽을 스트리밍 서비스로 제공하려던 피콕의 계획이 무산되면서 피콕은 본격적인 서비스를 시작하기 전에 어려움을 맞게 되었고 책을 쓰고 있던 내게도 어려움을 안겨줬다. 그럼에도 불구하고 미국 최대 케이블TV 사업자이면서 세계 3위 미디어그룹인 컴캐스트의 OTT 서비스인 피콕과 6장에서 소개할 미국 최대 유선전화 서비스와 2위 이동통신사인 AT&T의 OTT 서비스인 HBO MAX의 경쟁은 앞으로도 꽤 흥미진진할 것으로 예상된다.

주요 미디어 그룹

워너미디어: 워너미디어엔터테인먼트(HBO, TBS, TNT, Tru TV), 워너미디어 뉴스&스포츠(CNN, HLN, AT&T 스포츠넷), 워너브라더스(뉴라인시네마, DC엔터테인먼트, 캐슬록엔터테인먼트, 카툰네트워크, THE CW, 부메랑, 오터미디어, 터너클래식무비)로 이뤄진 미디어 그룹.

컴캐스트: NBC 방송과 경제 매체 CNBC, 영화 스튜디오 유니버설픽처스와 애니메이션 제작 스튜디오 일루미네이션(ILLUMINATION)과 드림웍스를 소유한 NBC유니버설의 모기업.

AT&T: 위성방송 DirectTV, 워너미디어(Warner Media)의 모기업.

컴캐스트의
피콕

넷플릭스가 승승 가도를 달리고 2019년과 2020년 상반기에 걸쳐 경쟁자인 디즈니플러스, 애플TV플러스, HBO MAX가 스트리밍 서비스를 예고하자 미디어 공룡이라 불리던 NBC유니버설도 그 대열에 동참하기로 결정*하고 2020년 4월 스트리밍 서비스인 '피콕'의 출시를 예고했다. 그러면서 NBC유니버설은 TV 드라마 〈디 오피스The Office〉의 방영권을 5억 달러(약 6,000억 원)를 주고 확보했다. 이때만 해도 NBC유니버설은 피콕을 통해 올림픽까지 중계해 새로운 서비스의 날개를 활짝 펼 꿈에 부풀어 있었다. 10억 달러(약 1조 2,000억 원)를 주고 미국 내 올림픽 중계권을 딴 NBC유

---

* 스트리밍 서비스 이름을 '피콕(Peacock)'으로 정하고 이를 2019년 4월 17일에 발표했다.

니버설 입장에서는 이를 적극 활용해 단번에 OTT 전쟁에 기대주가 되겠다는 전략이었을 것이다. 하지만 코로나-19로 도쿄올림픽은 1년 연기(2021년 7월 23일 개최 예정)되었고 이로 인해 피콕의 서비스도 지연될 수밖에 없었다.

피콕이 주춤주춤하는 사이에 조금 일찍 서비스를 시작한 디즈니플러스는 코로나-19로 가입자가 급증하는 반사이익을 톡톡히 보고 있었다. 광고를 기반으로 무료 스트리밍 서비스를 기본으로 내세웠던 피콕과 같은 서비스를 하던 플루토TV를 또 다른 경쟁사인 바이어컴CBS가 2019년 2월 인수해 서비스를 시작하면서 NBC유니버설은 최악의 상황에 놓이게 되었다.

우여곡절 끝에 2020년 4월, 케이블TV 컴캐스트 가입자를 대상으로 시범 서비스(1차 런칭)를 거쳐 2020년 7월 15일 마침내 본격적인 스트리밍 서비스를 시작했다. 피콕은 늦은 시장 참여로 부담을 느끼면서도 그들이 가진 콘텐츠 경쟁력과 무료 서비스(피콕 프리)라는 무기로 스트리밍 전쟁에 뛰어든 것이다. 그러면서도 피콕은 피콕 프리 외에 유료 버전인 피콕 프리미엄 서비스도 출시했다. '피콕 프리'와 '피콕 프리미엄'은 모두 광고를 시청해야 한다는 점에서 시청 형태는 같지만 제공하는 콘텐츠의 양에서 차이가 있다. 피콕 프리미엄과 플러스 옵션 상품은 제공되는 콘텐츠 양은 같지만, 광고 시청 유무라는 차이점이 있다.

늦어진 시장 참여를 만회하기 위해 피콕은 서비스 런칭 전에 애플, 구글, MS XBOX, 비지오Vizio, LG 스마트TV 등 다양한 플랫폼과 애플리케이션 공급 계약을 서둘러 마쳤지만 가장 인기 있는 스트리밍 플레이어 플랫폼인 로쿠와 아마존 파이어TV와는 계약하지 못했다. 이는 비슷한 시기에 OTT 서비스를 시작한 HBO MAX도 마찬가지였다. 로쿠와 파이어TV는 미국 내 스트리밍 시청자의 약 70%를 확보하고 있고, 액티브 유저* 수도 4,000만 명에 가까워 스트리밍 서비스 전쟁에 늦게 참여한 피콕과 HBO MAX 입장에서는 꼭 필요한 플랫폼이었다.

이를 두고 미디어 분석 전문지 〈버라이어티〉는 보고서를 통해, 피콕과 HBO MAX가 로쿠와 아마존과 거래를 성사시키지 못한 것은 광고 수익 문제와 네이티브 앱Native apps을 통해 스트리밍 서비스 회사의 영화나 쇼를 시청하는 이용자의 시청 데이터를 수집하는 문제를 해결하지 못했기 때문으로 분석했다. 로쿠와 파이어TV를 통해 피콕을 시청하지 못하는 이용자가 이를 비난하자 피콕의 대변인은 CNET**를 통해 이 모든 책임이 로쿠와 아마존에 있다고 성명서를 발표했다.

"피콕 앱은 이미 여러 플랫폼에 출시할 준비가 되어 있고 피콕이 배포하려는 모든 플랫폼에서 무료로 사용할 수 있는데 이를 플랫폼(로쿠와 파이어TV)에서 쓸 수 없는 것은 우리가 제공하지 않거

---

* 액티브 유저(AU: Active User)는 실제로 일정 기간 동안 게임이나 콘텐츠를 이용한 총 사용자 수를 말한다. 모바일 게임이나 온라인 가입자 등에서 이용자를 얼마나 확보했는지 알려주는 대표 지표로 활용되는데 실제로 가입하고 이용하지 않는 전체 가입자보다 실제 이용자 수를 실질적인 지표로 사용하는 것이다. 매월 실제 이용자 수를 나타낼 때 MAU 100만, 이런 식으로 표기한다.

** 전 세계에 기술 및 전자제품에 대한 리뷰·뉴스·기사·블로그·팟캐스트를 출판하는 미국의 기술 미디어 웹사이트.

나 무료로 만들지 않아서가 아닙니다. 소비자는 이러한 장치를 사용(액세스)할 수 있을 것이라는 기대를 안고 디바이스를 구매했으므로 모든 플랫폼은 소비자가 제대로 사용할 수 있도록 해주길 희망합니다."[1]

피콕의
OTT 전략

피콕은 시범 서비스를 시작한 2020년 4월 이후 약 3개월 동안 1,000만 명의 구독자를 모집했다. 컴캐스트라는 막강한 플랫폼(P)을 든든한 배경으로 갖고 있는 피콕도 아마존·디즈니와 마찬가지로 보유하고 있는 무기를 최대한 활용하겠다는 전략은 다르지 않다. 유니버설픽처스, 일루미네이션, 드림웍스의 라이브러리 콘텐츠(C)를 최대한 활용하고 여기에 새로운 오리지널 콘텐츠를 추가하면서 컴캐스트의 네트워크(N)인 케이블TV와 인터넷 서비스와 번들 상품을 구성해 보다 많은 가입자가 다양한 디바이스(D)의 스크린을 통해 이용할 수 있도록 하겠다는 것이다. 결국 콘텐츠(C)→플랫폼(P)→네트워크(N)→디바이스(D)로 이어지는 미디어 생태계의 가치사슬에서 철저히 강점을 이용해 스트리밍 생태계에서 일정 정도 이상의 영향을 미치거나 자신들만의 영역을 확보하겠다는 것이다.

● 피콕의 콘텐츠 경쟁력

NBC유니버설은 그들이 보유하고 있는 '콘텐츠 다양성'이라는 가장 강력한 무기를 들고 스트리밍 서비스 전쟁에 뛰어들었다고 얘기한다. 2004년 세계적인 가전회사 GE의 NBC와 프랑스의 다국적 미디어 그룹인 비방디Vivendi SA의 '비방디유니버설엔터테인먼트'가 합병되어 탄생한 NBC유니버설에는 미국의 3대 방송사인 NBCNational Broadcasting Company와 유니버설픽처스, NBC유니버설 케이블 방송(오락 채널 'E! Entertainment Television', 과학·공상영화 전문 채널 '사이파이Syfy', 영화·드라마 채널 'USA 네트워크', 어린이 채널 '유니버설키즈')과 애니메이션 제작사 '드림웍스픽처스'가 있다.

피콕은 계열 채널인 NBC와 텔레문도*로부터 다양한 시즌 프로그램을 공급받아 서비스하고 유니버설스튜디오의 영화와 드림웍스의 화려한 어린이 프로그램을 수급받아 스트리밍을 서비스할 계획이다. 또한 일일 NBC 뉴스, NBC 스포츠, E! News와 매일 저녁 지미 팔콘, 시스 메이어의 토크쇼 같은 실시간 라이브 콘텐츠를 제공해 보다 많은 가입자를 확보하겠다는 전략이다.

피콕의 다양한 콘텐츠 공급을 위해 컴캐스트는 2020년과 2021년에 각각 20억 달러(약 2,400억 원)를 투자하기로 했지만, 넷

---

* 텔레문도(TELEMUNDO)는 스페인어를 기반으로 미국 전역에 서비스하는 지상파방송 채널이다.

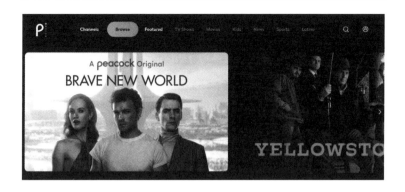

플릭스의 180억 달러(약 21조 6,000억 원)에 비교하면 다소 부족함을 알 수 있다. 그래서 일부 전문가들은 컴캐스트가 피콕을 케이블 TV 가입자의 이탈(코드 커팅)을 막는 부가 서비스로만 생각하고 있는 게 아닌지 의심하기도 한다. 그럼에도 NBC유니버설의 네트워크와 콘텐츠 제작소Studios는 무시할 수 없는 수준이다. NBC유니버설을 구성하는 미디어 회사들의 대표적인 콘텐츠를 간단히 소개해 피콕의 스트리밍 서비스 경쟁력을 알아보자.

NBC

미국의 대표적인 지상파방송인 NBC는 NBC 채널 외에도 NBC 뉴스, NBC 스포츠, 텔레문도를 보유하고 있다. NBC의 대표작으로는 TV 시트콤 〈디 오피스The Office〉(2005~2013), 〈팍스 앤 레크리에이션Parks and Recreation〉(2009~2015), 〈30록(30 Rock)〉(2006~2013),

〈킹 오브 퀸즈King of Queens〉(1998~2007), 〈슈퍼스토어Superstore〉(2015~현재) 등이 있고 TV 드라마로는 '로 앤 오더Law & Order' 시리즈Law & Order, Law & Order: SVU, Law&Order: CI, '시카고Chicago' 시리즈(시카고 파이어, 시카고 PD, 시카고 메드), 〈굿 걸스Good Girls〉(2018~현재), 〈블랙리스트The Blacklist〉(2013~현재), 〈블라인드 스팟Blindspot〉(2015~현재), 〈디스 이즈 어스This is Us〉(2016~현재) 등이 있다. TV 쇼·오락 프로그램으로는 〈새터데이 나이트 라이브Saturday Night Live〉(1975~현재), 〈아메리카 갓 탤런트America's Got Talent〉(2006~현재), 〈퍼스트 룩1st Look〉(2008~현재), 〈더 보이스The Voice〉(2011~현재) 등이 있다.

NBC 대표 프로그램

〈디 오피스〉

2005년부터 방송한 대표적인 NBC 시트콤. 2013년까지 총 9개 시즌 201개의 에피소드가 제작되었다. 영국 BBC에서 방송된 시트콤을 원작으로 제작되었고 〈프렌즈〉와 달리 실제 느낌을 더하기 위해 단일 카메라 기법(Single-camera Setup)을 사용했고 웃음소리도 제외했다. 넷플릭스에서 가장 많이 조회된 콘텐츠였지만 피콕의 출범으로 넷플릭스에서 더는 시청할 수 없다.

〈팍스 앤 레크리에이션〉

2009년부터 방송한 시트콤. 2015년까지 총 7개 시즌 125개의 에피소드가 제작되었다. 방송 이듬해인 2010년 비평가협회상과 에미상 코미디 부문 작품상 후보에 오를 정도로 인정받은 시트콤으로 '페이크 다큐'라고 불리는 모큐멘터리* 촬

---

* 영화와 TV 프로그램 장르의 하나로 인물·단체·사건 등 허구의 상황이 실제처럼 보이게 하는 다큐멘터리 형식으로 제작되며 페이크 다큐멘터리(Fake documentary)라고도 불린다.

영 기법으로 만들어졌다.

〈새터데이 나이트 라이브〉

코미디&버라이어티 쇼 프로그램. tvN의 〈SNL〉이 이 프로그램의 포맷을 사 와서 제작한 것으로 원조 프로그램으로 보면 된다. 1975년 'NBC's Saturday Night'으로 시작해 42개 시즌을 거쳐 현재까지 제작·방송되고 있다. 에미상, 피바디어워드, 작가협회 등 수많은 수상 기록을 보유하고 있는 가장 대표적인 NBC의 쇼 프로그램이다.

〈아메리카 갓 탤런트〉

NBC의 대표 공개 오디션 프로그램. 2006년 시즌 1을 시작으로 2020년 현재 열다섯 번째 시즌 경연이 진행되고 있다.

〈투나잇 쇼〉

1954년부터 지금까지 방송되고 있는 대표적인 심야 토크쇼로 방송 횟수만 1만 1,100회가 넘었다. 자니 카슨(Johnny Carson)이 36세부터 30년간(1962~1992) 진행해 최장수 진행자로 기록되었다. 현재는 '지미 팰론(James Thomas Fallon)의 투나잇 쇼'로 방송되고 있다.

〈로 앤 오더〉

1990년부터 2010년까지 방영된 범죄·법률 드라마로 20년간 총 20개 시즌, 456개의 에피소드를 방영해 미국 최장수 드라마로 기록되고 있다. 성범죄 전담반 〈Law & Order: SVU〉(1999~현재), 특수 수사대 〈Law&Order: CI〉(2001~2011) 등 많은 스핀오프 드라마를 만들어냈다.

NBC방송 프로그램을 소개하면서 〈디 오피스〉와 〈프렌즈〉를 빼놓고 이야기할 수 없을 정도로 〈프렌즈〉는 NBC의 대표 프로그램이다. 1994년 9월부터 2004년 5월까지 약 10년간 총 10개 시즌 236개의 에피소드가 방송됐지만, 제작사가 지금은 AT&T의 계열사인 워너브라더스로 같은 계열사인 HBO MAX를 통해 스트리밍되고 있다.

NBC 케이블 네트워크

NBC는 지상파방송 외에도 컴캐스트 같은 유료방송(케이블 TV, 위성방송, IPTV)에 제공하는 여러 개의 케이블 채널을 보유하고 있다. 골프 채널 'Golf', 과학·공상영화 전문 채널 '사이파이', 여성 생활 전문 채널 '옥시전Oxygen TV', 어린이 전문 채널 '유니버설키즈Universal KiDS', 영화·드라마·종합 격투기를 제공하는 'USA 네트워크', 경제·금융 전문 채널 'CNBC', 24시간 뉴스 채널 'MSNBC', 쇼·드라마 채널 'bravo', 엔터테인먼트 채널 'E!', 위성방송 DirecTV에 송출되는 스포츠 전문 채널 'NBCSN'이 있다.

유니버설픽처스

1912년 유니버설영화제작회사Universal Film Manufacturing Company를 설립, 1915년 할리우드에 영화 촬영소 '유니버설스튜디오'를 건립했다. TV가 주류가 된 1952년 음악회사 MCA에 매각되어 영화보다 TV 프로그램 제작 비율이 높았던 유니버설은 TV 영화라는 새로운 포맷으로 영화업계에 영향을 미치기 시작했고 1970년부터 히트작을 대거 배출해냈다. 이후 1990년 일본 가전회사 파나소닉에 매각, 다시 캐나다 음료업체인 시그램에 매각, 1996년 프랑스 가전업체 비방디에 매각되는 등 주인이 몇 차례 바뀌다가 2004년 NBC의 모기업인 GE가 인수하면서 지금의 NBC유니버설이 되었다.

유니버설픽처스의 대표작으로는 〈죠스〉(1975), 〈킹콩〉(1933), 〈E.T.〉(1982), 〈쥬라기 공원〉(1993), 〈워터 월드WATERWORLD〉(1995),

〈본 아이덴티티BOURNE IDENTITY〉(2002), 애니메이션 〈슈퍼배드 Despicable Me〉(2010), 〈미니언즈〉(2015), 〈인비저블맨The Invisible Man〉 (2020)까지 디즈니와 워너브라더스만큼은 아니지만, 꽤 많은 히트 작을 보유하고 있다.

'쥬라기 공원' 시리즈로는 1993년 1편을 시작으로 〈잃어버린 세 계The Lost World: Jurassic Park〉(1997), 〈쥬라기 공원 3Jurassic Park 3〉(2001), 〈쥬라기 월드Jurassic World〉(2015), 〈쥬라기 월드: 폴른 킹덤Jurassic World: Fallen Kingdom〉(2018), 〈쥬라기 월드: 백악기 어드벤처Jurassic World: Camp Cretaceous〉(2020), 〈쥬라기 월드: 도미니언Jurassic World: Dominion〉(2021년 예정) 등이 있다. 물론 '분노의 질주' 시리즈(2013, 2015, 2017, 2019)도 빼놓을 수 없다.

뮤지컬 영화로는 〈레미제라블〉(2012), 〈맘마미아〉(2008), 〈캣츠〉 (2019) 등을 꼽을 수 있다. 애니메이션 부문에서는 '슈퍼배드' 시리 즈(2010, 2013, 2017), 슈퍼배드의 스핀오프 애니메이션인 '미니언즈 2'(2021년 예정) 등이 있다.

드림웍스픽처스

1994년 스티븐 스필버그 감독과 애니메이션 제작자인 제프리 카젠버그, 데이비드 로런스 게펀이 공동 설립한 영화 제작·배급사 인 드림웍스픽처스는 1997년부터 2004년까지는 유니버설픽처스, 2005년부터 2010년까지는 바이어컴의 파라마운트픽처스, 2011년 부터 2015년까지는 월트디즈니스튜디오와 제작 파트너십을 맺었다가 2015년 12월 다시 유니버설스튜디오와 합쳐지게 되었다. 자회사인 드림웍스애니메이션은 2004년에 분리되어 독립 기업 체제로 운영되어왔으나 2016년 4월 NBC유니버설에 인수되어 컴캐스트 계열사로 합류하게 되었다.

드림웍스는 1997년 창립 기념작으로 제작된 〈피스메이커〉를 시작으로 〈딥 임팩트〉(1998), 〈라이언 일병 구하기〉(1998), 〈캐스트 어웨이〉(2000), 〈턱시도〉(2002), 〈페이첵Paycheck〉(2003) 등의 굵직굵직한 영화를 제작했다. 공동 설립자인 스필버그 감독이 제작한 〈마이너리티 리포트〉(2002)와 〈캐치 미 이프 유 캔Catch Me If You Can〉(2002), 〈우주 전쟁War of the Worlds〉(2005)도 한 번쯤 시청했거나 들어봤을 법한 대표적인 드림웍스 영화다. 자회사 드림웍스애니메이션을 통해 〈개미〉(1998)를 시작으로 슈렉(2001, 2004, 2007, 2010), 쿵푸팬더(2008, 2011, 2016), 마다가스카(2005, 2008, 2012, 2014), 트롤(2016, 2020) 등 애니메이션 시리즈를 제작한 것으로도 유명하다.

피콕의
오리지널 콘텐츠

NBC유니버설은 2020년 7월 15일 피콕을 정식 서비스하면서 〈브레이브 뉴 월드Brave New World〉, 〈더 캡처The Capture〉, 〈인텔리전스 Intelligence〉, 〈로스트 스피드웨이Lost speedways〉 등 피콕만의 오리지널 콘텐츠도 스트리밍하기 시작했다. 피콕의 강점은 신규로 제작되는 오리지널 콘텐츠(드라마나 영화)라기보다 그들의 패밀리로부터 받은 콘텐츠, 즉 라이브러리와 채널 서비스에 있다 보니 아직 스트리밍 서비스를 위한 오리지널 콘텐츠 제작이 넷플릭스나 디즈니처럼 활발하진 못하다.

이 밖에 피콕은 키즈 채널에 애니메이션 〈호기심 많은 조지〉, 〈클레오파트라 인 스페이스〉, 〈왈도〉 등 오리지널 콘텐츠를 추가할 계획도 밝힌 바 있다.

〈브레이브 뉴 월드〉

영국의 소설가 올더스 헉슬리의 고전 소설 《멋진 신세계》*를 바탕으로 제작되어 우리에게는 다소 낯선 '미국 공상 과학 디스토피아American science fiction dystopian' 드라마다.

NBC 케이블 네트워크 산하의 과학·공상영화 전문 채널 사이파이에서 2015년부터 기획했으나 실제 제작은 같은 계열 채널인 'USA네트워크'가 맡아 제작했다. 미국 드라마(미드)지만 영국 드라마(영드)에 가깝다고 평가하는 사람이 있을 정도로 뉴런던이라는 영국 배경에 영국 배우가 많이 출연한다. 미국에서는 피콕이 스트리밍 서비스를, 영국에서는 영국 케이블 채널인 스카이원Sky One에서 방영하고 있으며 한국에서는 NBC유니버설과 상호 콘텐츠 유통 계약을 맺은 OTT 플랫폼 웨이브에서 서비스하고 있다.

2018년 개봉한 〈솔로: 스타워즈 스토리Solo: A Star Wars Story〉의 알던 에런라이크가 주인공으로, 데미 무어는 그의 어머니 역으로 출연했다. 드라마 〈블랙미러 시즌 2·3〉과 〈트로이: 왕국의 몰락〉 등을 연출한 영국 TV·영화감독인 오웬 해리스가 시즌 1, 총 9개 에피소드 중 1·2편을 제작했고 다른 에피소드는 크레이그 지스크(3·4편), 아오피 맥아들(5·6편), 안드리 파레흐(7·8편), 엘렌 쿠라스(9편)가 각각 제작에 참여했다.

---

* 1932년 작품으로 조지 오웰의 《1984》, 러시아 소설가 예브게니 이바노비치 자먀틴의 《우리들(Мы)》과 함께 세계 3대 디스토피아 소설로 꼽힌다. 디스토피아는 유토피아의 반대 개념으로 부정적이고 어두운 세계를 뜻한다.

〈더 캡처〉[2]

영국의 BBC와 헤이데이필름Heyday Films이 제작해 2019년 BBC One에서 방송된 〈더 캡처〉는 벤 채넌이 각본과 감독을 맡아 제작된 범죄 스릴러 드라마로 총 6개의 에피소드로 구성되어 있으며 1개의 에피소드당 60분 정도 방송된다.

영국에서는 BBC를 통해 2019년에 방송되었지만 2020년 7월 15일 피콕이 정식 스트리밍 서비스를 하면서 피콕은 〈더 캡처〉를 '피콕 오리지널 콘텐츠'라고 소개했다. 영드 〈채털리 부인의 사랑〉의 주인공 홀리데이 그레인저와 영화 〈신비한 동물들과 그린델왈드의 범죄〉에서 스캐맨더 역을 맡았던 칼럼 터너가 주인공을 맡아 방송 전부터 기대를 모았던 드라마였고, 실제 비평가와 시청자 모두에게 좋은 평가를 받았다.

〈더 캡처〉는 BBC의 스트리밍 서비스인 아이플레이어iPlayer에도 제공되는데 2,200만 건 이상의 시즌 2 제작 요청이 있어 BBC가 〈더 캡처 시즌 2〉 제작을 결정했다고 한다. 시청자의 요청에 의해 〈더 캡처 시즌 2〉 제작 결정이 난 것은 BBC에서도 처음 있는 일[3]이라고 하니 시대가 바뀐 것 같다. 역시 한국에서는 웨이브에서 서비스하고 있다.

〈인텔리전스〉[4]

영국 TV 시트콤으로 2020년 2월, 피콕과 영국 방송국 스카이 원을 통해 선보이고 있는 콘텐츠로 총 6개의 에피소드로 구성되어 있다. 영국의 코미디 배우, 닉 모하메드가 제작하고 시트콤 〈프렌즈〉의 로스 겔러 역을 맡았던 데이비드 쉬머가 출연하는데 에피소드당 22분으로 러닝타임이 짧다. Brash NSA 요원이 괴상한 영국 사이버 보안 그룹 인수를 시도한다는 내용으로 한국에서는 웨이브에서 서비스하고 있다.

〈로스트 스피드웨이〉

〈로스트 스피드웨이〉(2020)는 TV 다큐멘터리 시리즈다. 스톡 카 레이싱* 드라이버인 데일 언하르트 주니어가 미국에 버려진 경기장Racetracks을 여행하면서 소개하는 쇼 형식의 프로그램으로 총 8부작으로 제작되었다. 아버지를 비롯해 가족 상당수가 전문 드라이버였던 데일 언하르트 주니어는 이 프로그램을 소개하면서 "발견되지 않는 잃어버림Lost은 없고, 소중히 여겨지지 않는 것은 존재Exists할 수 없다"라는 제작 콘셉트를 밝혔다. 버려진 스피드웨이를 방문하고 과거 레이싱 경험담을 들려주면서 프로그램을 진행하는 다큐멘터리 형식의 쇼 프로그램으로 보면 된다.

---

*   스톡 카 레이싱(Stock Car Racing)은 자동차끼리 서로 부딪치는 것이 허용되는 자동차 경주를 말한다.

피콕의 가격과
서비스 전략

피콕은 콘텐츠의 양과 광고 유무에 따라 세 가지 요금제를 책정했다. '피콕 프리'는 7만 5,000시간 분량의 콘텐츠(Live&VOD)를 무료로 제공하고 '피콕 프리미엄'은 프리에 비해 2배 이상 많은 콘텐츠(Live&VOD)를 제공하는 대신 월 4.99달러를 책정했다. 다른 OTT 서비스에 비해 매우 저렴하지만 이 두 상품은 광고를 시청해야 한다. 그럼에도 피콕에 무료 상품(티어Tier)이 있고 이 티어에 라이브 스포츠와 뉴스를 제공하는 것은 경쟁 OTT에는 없는 차별 전략임이 분명해 보인다. 물론 광고를 봐야 하지만 말이다. 프리미엄 상품을 선택한 구독자가 월 5달러를 추가로 지불(총 9.99달러)하면 광고 없이 프리미엄 콘텐츠를 이용할 수 있는 옵션도 만들었다.

피콕은 광고 기반의 AVOD와 월정액 요금제인 SVOD를 적절하게 믹스해 방송 광고 OTT 시장과 구독 기반의 OTT 시장 모두 발을 담그면서 보다 많은 두 시장의 가입자를 끌어들이려고 하고 있다. 피콕의 광고 기반 스트리밍 서비스는 OTT 시장에 늦게 참전해 어쩔 수 없는 선택이었다고 전문가들은 말한다. 그러면서 이러한 광고로 인해 이용자가 그동안 느껴왔던 OTT 서비스의 장점을 해칠 수 있다는 우려도 나타냈다. 이에 대해 피콕은 광고 없는 스트리밍 서비스로 인해 블랙홀에 빠진 광고주들은 스트리밍 서비스에도 광고하길 원한다며 그들과 함께할 것을 분명히 했다.

'NextTech 2020 Virtual Summit'에서는 광고 담당 임원인 린다 야카리노가 피콕 광고에 대한 원칙과 전략을 발표했다. 피콕은 스트리밍 서비스 내 광고 노출은 60분 중 5분으로 제한하겠다고 밝혔다. 새로운 광고 형식도 발표했는데 새로운 형식에는 휴식 시간에는 1개의 긴 광고와 1개의 짧은 광고가 쌍으로 묶여서 보이고, 영화 전에는 3분 길이의 광고가 보이며, 3개 이상의 광고를 본 시청자Binge-watched three는 네 번째 에피소드에서 광고 없이 볼 수 있다는 내용이 포함되어 있다.[5] 피콕의 이런 전략들은 광고로 인해 이탈하는 가입자를 최소화하겠다는 의지로 보인다.

피콕의 상품 가격 전략은 이뿐만 아니다. 피콕은 서비스 시작 전부터 기존 수익 모델과의 공생을 선택했다. 모기업 컴캐스트의 주력 사업인 케이블TV와 인터넷 서비스와 번들을 구성하는 협업을 통해 유료방송 시장에서 함께 성장하겠다는 전략을 세운 것이다. 월 4.99달러인 피콕 프리미엄 상품을 컴캐스트의 엑스피니티Xfinity

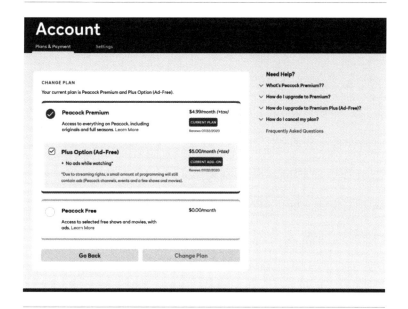

인터넷 고객에게 무상으로 제공해 코드 커팅이나 코드 쉐이빙을
막아보겠다는 것이다. 실제 컴캐스트의 가정용 인터넷과 케이블
부문은 2020년 2분기 동안 47만 명 이상의 가입자를 잃었다. 결국
피콕의 모기업 컴캐스트는 과거 인터넷 엑스피니티를 담당했던 매
튜 스트라우스Matthew Strauss를 피콕의 최고책임자the head of Peacock
로 선임하는 등 컴캐스트의 수익을 지키기 위해 피콕을 이용하는
모습을 보이고 있다.

피콕은 모기업 컴캐스트의 첫 OTT 플랫폼은 아니다. 컴캐
스트는 피콕과 유사한 광고 기반의 무료 OTT 서비스인 '수모'를
2020년 2월 파나소닉과 메러디스Meredith로부터 인수했다. 두 달 뒤

2020년 4월에는 NBC유니버설의 자회사 판당고를 통해 월마트로부터 부두를 인수했다.

수모는 2011년 파나소닉과 마이스페이스Myspace의 모기업인 비안트Viant가 공동 설립한 조인트벤처로 2016년 타임Time에 매각됐다. 그 후 타임이 다시 출판그룹 메러디스로 인수되어 메러디스가 수모를 운영해오던 것을 컴캐스트가 1억 달러(1,200억 원)가 넘는 금액을 지불하고 다시 인수한 것이다. 수모는 190개 이상의 무료 채널을 제공하고 라이브·오락·뉴스·스포츠 콘텐츠를 VOD로 이용할 수 있는 광고 기반의 스트리밍 서비스FAST: Free Ad-supported Straming TV로 MAU가 1,000만 명 정도 된다.

수모는 2019년 여름부터 컴캐스트의 엑스피니티 TV 셋톱박스에 앱을 추가하는 계약을 마치는 등 컴캐스트와 협력을 해오고 있었다. 컴캐스트가 주력 OTT 서비스로 키울 피콕을 서비스하기 전에 또 다른 광고 기반의 OTT를 인수한 것이다. 이는 수모가 컴캐스트 외에 파나소닉과 LG 스마트TV, 비지오, 로쿠 같은 OTT 디바이스에 탑재되어 있고 ABC News, CBSN, Fox Sports, A+E's Law&Crime, Jukin Media, Just For Laughs, America's Funniest Home Videos, USA Today, PBS Digital Studios, BroadbandTV's Hooplakidz, Tastemade 등 유니버설스튜디오가 아닌 많은 콘텐츠 사업자와 제휴가 되어 있어 컴캐스트가 전용 콘텐츠를 실어 나를 피콕과 달리 범용적인 OTT 서비스로 키우고 컴캐스트의 가입자를 유지하는 또 다른 수단으로 사용할 가능성이 커졌다. 부두도 마찬가지다. NBC유니버설의 자회사로 영화 리뷰 및 티켓 예매 사이트 판당고를 통해 광고 기반의 무료 OTT 서비스인 부두를 인수하고 이를 통해 시장에서 유리한 전략을 취하려고 하는 것으로 판단된다.

● 독점 채널 확장

피콕의 무료 광고 기반 스트리밍 서비스 진출로 미국 내 FAST 서비스 사업자는 8개로 확대되었다. FAST 사업자들은 고유의 채널을 보유하고 이를 서비스하는데 이제 막 서비스를 시작한 피콕의 채널 수는 업계 1위 사업자인 플루토TV의 248개에 8분의 1 수준인 32개 채널에 불과하고 피콕에서만 볼 수 있는 피콕 온리ONLY 채널도 18개뿐이다. 피콕의 이러한 채널은 네트워크의 실시간 스트리밍 채널이 아니고 특정 주제를 중심으로 구성된 짧은 프로그램이거나 전체 에피소드가 큐레이션된 것들이다.

예를 들어 NBC의 〈Today All Day〉 같은 채널로 〈NBC Today Show〉의 클립을 섞어 만든 것이거나 〈디 오피스〉, 〈SNL〉과 〈카다시안 패밀리 따라잡기Keep Up With the Kardashians〉를 기반으로 채널을 만들고, 〈투나잇 쇼〉, 〈트루 크라임True Crime〉, 〈밥 로스Bob Ross〉 같은 것의 전체 에피소드로 채워 채널을 만드는 식이다. 피콕은 앞으로 피콕 스트리밍 서비스에서만 시청할 수 있는 단독 채널을 더 늘려간다는 계획을 세워두고 있다.

VOD 콘텐츠만 제공하는 넷플릭스와 달리 광고 기반의 스트리

미국 내 FAST 서비스의 채널 수(2020년 7월 현재)

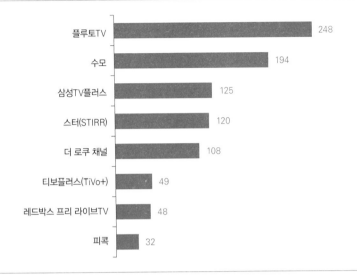

출처: 〈버라이어티〉

밍 서비스 사업자들은 채널을 많이 확보하고 서비스해야 그 채널을 보고자 하는 시청자가 지속적으로 찾아오고, 더 오래 OTT 플랫폼에 남아 있을 수 있다. 피콕도 이러한 사실을 잘 알기에 '양과 질을 함께Quality over Quantity' 전략을 쓰는 것이다. 피콕이 스트리밍 서비스 전쟁에서 '채널'을 어떻게 활용할지 눈여겨볼 필요가 있다.

6장

AT&T의 미래,
HBO MAX

미국 최대 통신사 AT&T는 맞수인 NBC유니버설이 피콕을 정식 서비스한 지 정확히 일주일 뒤인 2020년 7월 23일에 'HBO MAX'가 성공적인 런칭을 이뤄냈다고 발표했다. AT&T CEO 존 스탠키John Stankey는 2020년 5월 27일 런칭한 HBO MAX가 단 1개월 만에 신규 가입자가 300만 명이 증가해 기존 HBO 가입자와 함께 2020년 2분기 총 가입자가 3,630만 명이 넘었다고 2분기 실적을 발표한 것이다.

AT&T는 타임워너Time Warner를 2018년 6월에 854억 달러(약 102조 원)에 인수했다. 라이벌 컴캐스트가 NBC유니버설을 인수하면서 세운 기록을 다시 한번 갈아치운 것이다. 원래는 2016년 10월 AT&T와 타임워너가 인수·합병에 합의하고 발표해 조금 빨리 합쳐질 수 있었지만 도널드 트럼프 대통령의 반대 등으로 미국 법무부가 "AT&T와 타임워너의 인수·합병이 소비자들의 선택권을 제한하고 TV, 인터넷 서비스 이용료 인상이 예상되는 등 반독점법Anti-Trust Act을 위반했다"라고 소송을 제기하면서 약 2년이 지난 후에야 최종 인수가 성사된 것이다.

AT&T와 타임워너 합병은 미국 법무부가 우려할 만한 수준이긴 하다. 이 두 기업의 합병으로 AT&T는 모바일, 위성방송(DirecTV), 인터넷 서비스의 거대 플랫폼과 워너미디어의 HBO, 워너브라더스와 터너미디어가 갖고 있던 CNN, TBSTurner Broadcasting System, TNT, 카툰네트워크, TCMTurner Classic Movies, 부메랑Boomerang, 트루TVTru TV 등 엄청난 콘텐츠 사업자와 결합했기 때문

타임워너의 조직 재편

타임워너 인수에 성공한 AT&T는 1년이 채 되지 않은 2019년 3월 M&A로 얽힌 복잡한 조직을 워너미디어를 기준으로 워너미디어엔터테인먼트, 워너미디어 뉴스&스포츠, 워너브라더스 세 부문으로 재편했다.

재편의 특징을 보면 케이블TV와 위성방송을 중심으로 미디어 사업을 하는 HBO와 터너 계열의 방송을 '워너미디어엔터테인먼트' 부문으로 묶었다. 뉴스와 스포츠 채널은 '워너미디어 뉴스&스포츠' 부문을 만들면서 기존의 터너 계열의 뉴스 채널인 CNN과 HLN을 이동했고 거기에 DirecTV가 갖고 있던 스포츠 네트워크 채널을 리브랜딩한 AT&T 스포츠넷(SportsNet)을 함께 편재했다. 마지막으로 영화 제작사인 워너브라더스를 중심으로 뉴라인시네마와 DC코믹스를 포함한 DC 엔터테인먼트, TBS가 갖고 있던 애니메이션 채널 카툰네트워크와 부메랑, CBS와 합작한 지상파방송 The CW와 글로벌 유통회사 오터(otter)미디어를 하나의 사업 부문으로 재편했다.

- 워너미디어엔터테인먼트: HBO, Turner[TNT(드라마·스포츠 채널), tbs(토크쇼·코미디·애니메이션 채널), 트루TV(논픽션 전문 채널)]
- 워너미디어 뉴스&스포츠: CNN, HLN, AT&T 스포츠넷
- 워너브라더스: 뉴라인 시네마, DC엔터테인먼트, 카툰네트워크, The CW, 부메랑, 오터미디어, TCM

이다.

워너미디어는 오리지널 콘텐츠 경쟁력에 있어서 둘째가라면 서러워할 회사다. 이러한 콘텐츠를 보유한 워너가 버라이즌에 이어 미국 2대 통신 사업자인 AT&T의 식구가 된 것이다. 그리고 콘텐츠를 총망라해 AT&T가 새로운 스트리밍 서비스 HBO MAX를 기획해 런칭한 것이다.

"AT&T의 미래, HBO MAX." 전문가들이 HBO MAX를 두고 하는 말인데 거대 통신·미디어 사업자의 AT&T가 미래 먹거리를 위해 꼭 성공시켜야 하는 사업이라는 뜻일 것이다. AT&T도 사활을 걸었다. AT&T는 HBO MAX의 성공적인 런칭을 위해 2019년 4분기에만 12억 달러(약 1조 4,400억 원)를 투자해 콘텐츠를 확보하는 등 각별한 공을 들였다. AT&T는 각 계열사의 시너지를 무척이나 강조하고 있다.

한 가지 재미있는 예가 있다. 2020년 6월, 워너미디어 산하 DC 코믹스는 새로운 디지털 만화 시리즈를 발표하는데, 그 이름을 'To The Max'라 발표하고 HBO MAX와 공동 작업한다고 했다. 그러면서 새로운 캐릭터를 헥터Hector, 브라이언Brian, 올리비아Olivia, 즉 HBO라 이름 짓고 이 세 평범한 캐릭터가 맥스Max를 만나 초능력을 얻어 전 세계 생명을 구한다는 얘기를 만든다는 것이다. 아마도 HBO가 MAX를 만나 세계를 평정하고 싶은 AT&T의 바람이 반영된 콘텐츠가 아닐까.

HBO는 그동안 유료 채널 가입자에게 부가 서비스 차원에서 HBO NOW라는 이름으로 온라인 스트리밍 서비스를 운영해왔다. 그러다가 2020년 5월 HBO MAX를 런칭하면서 HBO NOW의 모든 가입자를 MAX 스트리밍 서비스로 전환시켰다. 물론 단순한 서비스의 전환은 아니었다. 그동안은 HBO NOW를 통해 HBO 콘텐츠만 이용할 수 있었다면 HBO MAX는 HBO는 물론 DC코믹스를 포함한 워너미디어의 모든 콘텐츠를 시청할 수 있도록 서비

스를 확대 개편한 것이다. HBO MAX도 맞수 '피콕'과 마찬가지로 HBO와 워너미디어의 오리지널 라이브러리 콘텐츠와 새로운 전용 콘텐츠라는 무기를 갖고 OTT 서비스 전쟁에 참전한 셈이다.

HBO MAX는 1만 시간에 달하는 TV 프로그램과 영화를 스트리밍 서비스하는데 이를 시청하려면 월 14.99달러(약 1만 8,000원)라는 비용을 지불해야 한다. 이는 넷플릭스나 피콕 프리미엄(광고 없는 버전)과 비교해도 상당히 비싼 금액으로 실제로 미국 내에서도 단연 최고 금액이다. 그럼에도 HBO는 〈프렌즈〉, 〈빅뱅이론〉 같은 인기 시트콤과 〈우편배달부 키키〉 같은 스튜디오지브리의 애니메이션, 워너와 DC의 오리지널 콘텐츠를 HBO MAX를 통해 제공하기 때문에 상당한 경쟁력이 있다고 자평한다. HBO MAX의 콘텐츠 경쟁력은 여타 다른 사업자와 마찬가지로 수준 이상이다.

HBO는 국내에서도 큰 인기를 끌었던 〈섹스 앤 더 시티〉(1998), 〈소프라노스The Spranos〉(1999), 〈밴드 오브 브라더스Band of Brothers〉(2001)부터 〈왕좌의 게임〉(2011~2019)까지 그야말로 TV 드라마 제작사로서는 최고의 실력을 자랑한다. HBO MAX는 이런 HBO의 오리지널 콘텐츠에 계열사인 워너브라더스의 〈해리 포터〉의 모든 시리즈와 DC필름이 제작한 영화 〈조커〉와 DC코믹스의 〈슈퍼맨〉과 〈배트맨〉까지 쟁쟁한 콘텐츠를 스트리밍 서비스하는 만큼 비싼 이용료를 지불할 만한 가치가 있다.

그럼에도 불구하고 모기업 AT&T에게 HBO MAX의 고가 정책이 부담스러운 건 부인할 수 없는 사실이다. 코로나-19로 OTT 가입율은 올라갔을지 모르지만, 기존에 HBO 채널을 유료로 시청하고 있던 가입자들은 채널을 해지하고 있었다. 게다가 AT&T가 직접 운영해오던 스트리밍 서비스 AT&T NOW의 가입자가 20만 명 이상, 위성방송 DirecTV와 IPTV(U-Verse)에서 90만 명 이상의 가입자가 감소하는 등 2019년 4분기 방송 분야에서만 120만 명의 가입자가 이탈하면서 AT&T의 HBO MAX의 가격 정책은 부담의 연속이었다. 물론 이즈음 AT&T 계열사인 워너미디어는 〈빅뱅이론〉의 미국 내 방영권을 확보하려고 10억 달러(약 1조 2,000억 원)를 투자하는 등 HBO 맥스 성공을 위해 게을리하지 않았다. 다시 한번 말하지만 "AT&T의 미래, HBO MAX"이기 때문이다.

HBO MAX의
콘텐츠 경쟁력

TV 드라마 제작의 절대 강자인 HBO에게 영화 제작의 절대 강자 워너브라더스*는 훌륭한 파트너이자 최상의 콤비였다. 나아가 HBO NOW에서 MAX로 바꾸는 과정에서 워너브라더스는 필요충분조건이었을 것이다. 여기에 DC코믹스와 카툰네트워크, CNN까지 HBO MAX는 AT&T그룹이 보유하고 있는 막강한 콘텐츠를 스트리밍하는 OTT 플랫폼이다.

● 워너브라더스
1918년 창립된 워너브라더스는 이름에서 보여주듯이 4명의 위

---

* 'Warner Brothers'라고도 쓰지만 'Warner Bros.'라는 표기를 더 많이 쓴다.

너 형제가 설립한 영화 제작 스튜디오로 세계 영화사 중에 가장 큰 규모를 자랑하는 할리우드 5대 메이저 스튜디오 중 하나다. HBO와 함께 워너미디어의 자회사로, 2019년 영화 〈조커〉의 글로벌 극장 수익 10억 7,425만 달러(약 1조 2,891억 원)를 포함해 전체 매출이 335억 달러(약 40조 원)에 달한다.

워너브라더스는 1989년 미국 최대의 언론사인 타임사와 합병하면서 미디어 그룹 타임워너를 출범시켰다. 1996년 영화 제작시인 뉴라인시네마, 캐슬록엔터테인먼트와 지상파 WTBS, 영화 전문 채널 HBO, 뉴스 전문 채널 CNN, HLN, 만화 전문 채널 카툰네트워크 등을 운영하는 케이블 송출 업체 TBS를 인수하면서 워너브라더스는 워너미디어로 확장되었다.

100년이 넘는 기간 동안 영화를 제작하고 배급한 워너브라더스의 대표작을 고른다는 것은 무척 어려운 일이다. 그럼에도 하나만 꼽으라면 2000년대 최고의 영화 시리즈인 '해리 포터'(2001~2011)가 아닌가 싶다. 마블에겐 '마블 시네마틱 유니버스'(아이언맨, 토르, 캡틴 아메리카, 어벤져스 등)가, 루카스필름엔 '스타워즈' 시리즈가 있다면 워너브라더스에겐 그에 필적하는 '해리포터' 시리즈가 있다.

총 8편이 제작된 〈해리 포터〉는 77억 2,000만 달러(약 9조 2,640억 원) 이상의 극장 수익을 거두면서 역대 영화 시리즈 3위를 기록하고 있다.* 이 밖에 워너브라더스는 〈매트릭스〉(1999, 2003),

---

* 1위와 2위는 '마블 시네마틱 유니버스'와 '스타워즈' 시리즈다.

〈오페라의 유령〉(2005), 〈300〉(2007), 〈벤자민 버튼의 시간은 거꾸로 간다〉(2008), 〈셜록 홈즈〉(2009, 2011), 〈인터스텔라〉(2014), 레고 무비 시리즈(2014~2019), 〈조커〉(2019) 같은 다양한 소재의 영화를 제작·배급해왔다.

워너브라더스의 대표작

2000년대 주요 영화로는 〈오션스 일레븐〉(2001), 〈라스트 사무라이〉(2003), 〈트로이〉(2004), 〈찰리와 초콜릿 공장〉(2005), 〈아일랜드〉(2005), 〈오페라의 유령〉(2005), 〈나는 전설이다〉(2007), 〈300〉(2007), 〈벤자민 버튼의 시간은 거꾸로 간다〉(2008), 〈닌자 어쌔신〉(2009) 등이 있다. 2010년대 주요 영화로는 〈인셉션〉(2010), 〈그래비티〉(2013), 〈위대한 개츠비〉(2013), 〈컨저링〉(2013, 2016), 〈그녀〉(2013), 〈엣지 오브 투모로우〉(2014), 〈인터스텔라〉(2014), 〈인턴〉(2015), 〈레전드 오브 타잔〉(2016), 〈설리: 허드슨강의 기적〉(2016), 〈패딩턴〉(2014, 2017), 〈메가로돈〉(2018), 〈조커〉(2019) 등이 있다.

〈해리 포터〉&스핀오프 영화로는 〈해리 포터〉(2001, 2002, 2004, 2005, 2007, 2009, 2010, 2011), 〈신비한 동물사전〉(2016), 〈신비한 동물들과 그린델왈드의 범죄〉(2018) 등이 있고 히어로 영화로는 '배트맨'(1989, 1992, 1995, 1997) 시리즈, 〈배트맨 비긴즈〉(2005), 〈슈퍼맨 리턴즈〉(2006), 〈왓치맨〉(2009), 〈그린 랜턴〉(2011), 〈맨 오브 스틸〉(2013), 〈배트맨 대 슈퍼맨: 저스티스의 시작〉(2016), 〈원더우먼〉(2017), 〈저스티스 리그〉(2017), 〈아쿠아맨〉(2018), 〈샤잠!〉(2019) 등

이 있다. 히어로 영화는 대부분 DC코믹스 산하의 DC필름이 제작하고 워너브라더스가 배급을 담당했다. 시리즈 영화로는 '매트릭스'(1999, 2003), '셜록 홈즈'(2009, 2011) 등이 있고 〈유령 신부〉(2005), '레고 무비'(2014, 2017, 2017, 2019) 시리즈, 〈아기 배달부 스토크〉(2016) 등의 애니메이션을 제작했다.

뉴라인시네마 영화로는 '반지의 제왕'(2001, 2002, 2003) 시리즈를 꼽을 수 있다. 뉴라인시네마는 '반지의 제왕' 3부작으로 흥행에 대성공해 극장 수익만 28억 달러(약 3조 원)를 기록했으나 그 후 이렇다 할 작품을 내놓지 못하다 2007년 파산해 2008년 워너브라더스에 인수되었다. 워너브라더스는 '미드 맛집'이라 불린다. 워너브라더스는 영화를 통해 할리우드에서 화려한 명성을 얻어왔다면 TV 드라마를 통해 짭짤한 수익을 올려왔다. 과거 워너브라더스스튜디오 퍼실리티의 존 길버트는 "영화는 가끔 방문하는 부자 삼촌 같은 존재지만 TV 제작물은 매일 버터 바른 빵을 제공하는 가장"이라고 했을 정도다. 〈프렌즈〉(1994~2004, NBC), 〈웨스트 윙The West Wing〉(1999~2006, NBC), 〈두 남자와 $\frac{1}{2}$ Two and Half Men〉(2003~2015, CBS), 〈사우스랜드〉(2010~2013, TNT)*, 〈프린지Fringe〉(2008~2013, 폭스), 〈빅뱅이론〉(2007~2019, CBS) 등 수많은 TV 드라마가 방송국은 달라도 워너브라더스가 제작한 작품들이다.

그중에서도 워너브라더스의 큰 자산은 시트콤 〈프렌즈〉다. 〈프

---

* 미국 범죄 드라마 〈사우스랜드(Southland)〉는 워너브라더스가 제작해 2009년 NBC에서 시즌 1이 방송되었으나 한 시즌만 제작하고 중단했다. 그 후 TNT가 권리를 사들여 시즌 2~5까지 방송했다.

렌즈〉는 NBC의 대표 프로그램으로 1994년 9월부터 2004년 5월까지 약 10년간 NBC에서 방송됐지만, 제작은 워너브라더스가 했기에 소유권이 워너에게 귀속되어 있어 HBO MAX 출범과 함께 맥스에서 스트리밍하게 되었다. 그동안 〈프렌즈〉는 넷플릭스를 통해 독점 스트리밍 서비스됐는데 워너브라더스는 2020년 HBO

〈프렌즈〉 25주년 기념행사

MAX 출범을 위해 넷플릭스에 〈프렌즈〉 공급 계약을 하지 않겠다고 선언했다. 넷플릭스는 수많은 구독자가 〈프렌즈〉에 보낸 애정을 알기에 어떻게든 〈프렌즈〉를 유지하기 위해 노력했으나 2019년 1년만 더 연장하는 것에 만족해야 했고 그 연장을 위해 워너에게 무려 8,500만 달러(약 1,000억 원)를 지불해야 했다. 바꿔 말하면 워너브라더스는 HBO MAX에 〈프렌즈〉를 스트리밍하기 위해서 수천억 원의 수익을 포기한 것이나 마찬가지다.

2020년은 〈프렌즈〉가 방송된 지 25주년이 되는 해다. 그래서 워너브라더스의 모기업 AT&T는 〈프렌즈〉 25주년 행사를 대대적으로 준비하고 있었다. 2020년 1월 미국 샌프란시스코에 방문했을 때 AT&T에서 〈프렌즈〉 이벤트가 한창이었다. 〈프렌즈〉 25주년을 기념하기 위해 AT&T 로비를 〈프렌즈〉의 스튜디오처럼 꾸미고 2층 공간에는 〈프렌즈〉의 실내를 소품 하나까지 그대로 재현해놓고 팬들을 맞이하고 있었다. 게다가 〈프렌즈〉의 역사와 수상 내역을 소개하고 〈프렌즈〉와 팬들의 끊임없는 소통을 위해 키오스크와 노래 부스까지 만들어놓았다. 비록 코로나-19로 계속되진 못했을지라도 AT&T는 〈프렌즈〉의 인기를 붐업시켜 HBO MAX로의 귀환을 더욱 가치 있게 만들려고 했을 것이다.

● HBO

1972년 개국한 HBO는 프리미엄 채널로 높은 퀄리티의 미드를 방송해줄 뿐 아니라 영화·스포츠·공연·어린이 프로그램까지 다양한 콘텐츠를 편성하는 것으로 유명하다. PP 채널이지만 광고를 하지 않는 대신 별도의 요금을 지불해야만 시청할 수 있는 HBO 는 〈섹스 앤 더 시티〉(1998~2004), 〈소프라노스〉(1999~2007), 〈밴드 오브 브라더스〉(2001), 〈더 와이어〉(2002~2008), 〈왕좌의 게임〉(2011~2019), 〈체르노빌〉(2019)같이 작품성과 흥행성을 모두 갖춘 드라마를 보유하고 있다. 현재 IMDb TV 프로그램 평점 상위 10개 중 3개가 랭크*되어 있을 정도로 미드의 대명사로 불린다.

HBO는 경쟁력 있는 오리지널 콘텐츠를 바탕으로 일반 채널보다는 상급 채널로 인식되어 있고 이를 바탕으로 비싼 추가 이용료를 지불하는 많은 구독자를 보유해왔다. 보통 방송 채널은 슬로건을 통해 어필하고 싶은 채널 정체성이나 장점·강점을 내세운다. HBO도 그렇다. 그래서 HBO의 슬로건을 보면 HBO가 사회·문화 속에서 어떠한 위치에 있는지 또 HBO가 어필하고 싶은 것이 무엇인지 들여다볼 수 있다.

HBO 역사상 가장 오래 사용한 슬로건은 "TV가 아니다. HBO 다.It's Not TV. It's HBO."로 1996년부터 2009년까지 무려 13년을 써왔다. 우리나라의 광고 중 유명한 "침대는 가구가 아니다" 같은 느낌인데 이전에 썼던 슬로건이 1~2년 사용해온 것과 비교하면 이 시기에 HBO가 TV 산업에서 갖는 위치와 자신감을 보여주는 슬로건

---

* IMDb(Internet Movie Database)는 아마존에서 운영하는 영화 평가 및 스트리밍 사이트로 영화와 TV 의 평점 순위를 공개한다. TV 톱 250(2020년 8월 기준) 중 HBO 작품이 절대다수를 차지하고 있다. 그중 〈밴드 오브 브라더스〉(3위), 〈체르노빌〉(5위), 〈더 와이어〉(6위)가 톱 10에 있고 〈왕좌의 게임〉(11위), 〈소프라노스〉(15위)가 뒤를 잇고 있다.

이다. 2009년 이후 지금까지 슬로건은 "당신이 상상하는 것 이상입니다. HBO.It's More Than You Imagined. It's HBO."인데, 이는 2010년 시작한 HBO의 스트리밍 서비스 'HBO GO' 런칭을 앞두고 정한 슬로건으로 HBO GO를 염두한 것으로 짐작된다. 현재 HBO 홈페이지는 'HBO MAX' 홍보에 전념하고 있다.

지금부터는 HBO 오리지널 드라마 중 HBO 역사에 큰 자취를 남긴 〈소프라노스〉, 〈밴드 오브 브라더스〉, 〈체르노빌〉, 〈왕좌의 게임〉에 대해 좀 더 이야기하려고 한다.

〈소프라노스〉

1999년 시즌 1을 시작으로 2007년 시즌 6까지 8년간 총 여섯 시즌*을 거치면서 86편의 에피소드가 제작된 〈소프라노스〉는 미국 뉴저지를 배경으로 이탈리아계 마피아의 이인자인 토니 소프라노를 둘러싼 이야기를 그린 드라마다. 프리미엄 유료 채널임에도 시즌 1의 마지막(13편) 에피소드에서는 시청자 수가 무려 522만 정도 됐으며, 마지막 시즌의 최종회(시즌 6 파트 2, 9편)는 1,190만 명이 시청**하며 미국 스포츠의 한 축인 NBA 결승 2차전 시청률을 주저앉힐 정도였다고 한다. 〈소프라노스〉의 최종회 시청률(1,190만 명)은 2019년 종료한 〈왕좌의 게임〉 시즌 8의 최종회 1,180만 명보다 10만 명이 더 많았다고 하니 그 인기를 짐작할 수 있을 것이다.

---

* 시즌 6는 2006년 파트 1, 2007년 파트 2로 나뉜다.
** 미국의 시청률 조사는 국내와 달리 시청자 수를 함께 표시한다.

광고를 편성하지 않는 HBO가 시청률이 높으면 뭐가 좋을까? HBO를 보려면 지금 우리가 넷플릭스에 지불하는 구독료처럼 매월 채널 이용료를 각 케이블방송국에 지불해야 한다. HBO의 수신료를 평균 15달러(1만 8,000원)로 가정하고 가구당 3명이 시청한다고 가정하면, HBO는 〈소프라노스〉의 시즌 1(3개월 방영)으로 월 900억 원, 시즌 6(4개월 방영) 때는 2,800억 원의 이용료를 거둬들인 셈이다. 물론 이런 이용료는 케이블방송국에 일정 비율을 나눠줘야 하니 전체가 HBO 수입이 아니더라도 규모만으로 〈소프라노스〉는 HBO의 미드 시대를 활짝 열어준 작품이다.

영국의 일간신문 〈가디언The Guardian〉은 2010년 1월, TV평론가가 선정한 최고의 TV 드라마 톱 50 중 〈소프라노스〉가 1위를 했다고 발표하면서 "지금까지 만들어진 드라마 중 가장 위대하다"라고 평가했다. 〈소프라노스〉 최종 시즌이 시작한 2007년 4월, 미국 온라인 매거진 〈팝매터스popMatters〉의 모린 라이언Maureen Rayan[1]은 "〈소프라노스〉는 지금까지 중 가장 영향력 있는 TV 드라마"라고 평가하면서, "작은 화면(TV 화면)에서 이야기가 어떻게 전달되는지와 지속 성장하는 TV 방송사에 지불하는 요금에 이렇게 큰 영향을 준 1시간짜리 드라마는 없었다"라고 썼다.

〈소프라노스〉는 케이블TV 시리즈 사상 처음으로 1999년 에미상(프라임타임 드라마 시리즈 작품상) 후보에 올랐고 2004년과 2007년에 작품상을 거머쥐는 등 케이블TV 역사의 한 획을 그은 작품이 되었다.

〈밴드 오브 브라더스〉

2차 세계대전의 노르망디상륙작전을 배경으로 스티븐 스필버그 감독과 배우 톰 행크스가 총감독을 맡아 제작한 〈밴드 오브 브라더스〉는 2001년 9월 HBO를 통해 총 10편의 에피소드를 선보였다. 〈밴드 오브 브라더스〉는 총제작비 1억 2,500만 달러(약 1,500억 원), 회당 제작비 1,250만 달러가 투자되었는데 이는 그동안 TV 미니시리즈 중 가장 큰 금액으로 HBO가 심혈을 기울여 작품성을 높인 결과 IMDb 사이트에서 9.4점/10점을 받으며 20년이 지난 지금도 HBO 전체 TV 드라마 중에서 가장 높은 3위에 랭크[2]되어 있다. 게다가 2002년 에미상에서 프라임타임 미니시리즈 부문과 미니시리즈 감독상을 포함해 7개 부문에서 수상하고 골든글로브에서도 최우수미니시리즈상을 받는 쾌거를 이뤄냈다.

〈체르노빌〉

2019년 HBO가 방송한 역사 드라마 〈체르노빌〉은 1986년 발생한 체르노빌 원자력 발전소 사고와 그에 따른 정화 작업을 그린 5부작 미니시리즈 드라마다. 사고가 나자 현장에 도착한 소방관, 자원봉사자, 터널을 파는 광부들의 노력을 그린 드라마로 총 758만 명 정도가 시청해 흥행해 성공했다고 볼 수는 없지만 IMDb 사이트에서 9.4점/10점을 받으며 전체 드라마 순위 중 5위에 오를 정도로 호평을 받았다.

드라마 〈체르노빌〉이 갖는 중요한 의미 중 하나는 원전 사고로 폐허가 된 도시 체르노빌에 대해서 사고 자체는 알고 있지만, 실상이 은폐되어 상세한 내용은 잘 모르고 있었고 러시아에서는 이와 관련된 다큐멘터리조차 제작된 적이 없었던 것을 HBO가 영국 방송국 Sky UK와 고증을 거쳐 미니시리즈로 제작해 사람들에게 알렸다는 것이다.

HBO가 〈소프라노스〉나 〈왕좌의 게임〉처럼 오락적인 드라마만 제작하는 것은 아니다. 영국 BBC와 이탈리아 RAI와 공동 제작한 〈로마〉(2005~2007), 영국 채널 4와 합작한 〈엘리자베스 1세〉(2005), BBC One과 공동 제작한 〈젠틀맨 잭Gentleman Jack〉(2019~현재) 등의 역사극을 제작하고 〈하우스 오브 카드〉로 정치 드라마가 유행하자 〈뉴스룸The Newsroom〉(2012~2014)을 제작하기도 했다. 그러나 〈체르노빌〉처럼 재난을 소재로 한 미니시리즈는 처음인데, 방송 이후 골든글로브 '최우수 리미티드 TV 시리즈상'(77회), 프라임타임 에미상 '리미티드 시리즈상'(71회)을 비롯해 미국과 영국에서 각종 수상과 호평을 받았다. 배경이 되는 러시아에서조차 정부 관계자들의 비난에도 불구하고 많은 비평가와 관객에게는 호평을 받으며 HBO 역사에 또 한 번 의미 있는 드라마로 기억되게 되었다.

〈왕좌의 게임〉

2010년대 최고의 드라마 시리즈로 평가받는 〈왕좌의 게임〉은 2011년 4월 시즌 1을 시작으로 2019년 5월 시즌 8까지 8년 동안 HBO 드라마의 절대 자리를 지켜왔던 작품이다. 〈왕좌의 게임〉은 방송을 시작한 2011년부터 매년 한 편의 시즌을 공개했다. 2017년 시즌 7을 마친 후 2년 뒤인 2019년에야 마지막 시즌을 공개하면서 총 73개 에피소드를 남기고 종료됐다.

〈왕좌의 게임〉은 HBO에서 수많은 의미, 즉 제작비·시청률·가입자·수익·수상 등을 남긴 작품이다. 천문학적인 제작비를 투자해 블록버스터 영화 같은 웅장한 스케일과 디테일을 보여주었고, 이를 통해 엄청난 시청 가입자도 확보하게 되었다. 시즌 1의 제작비는 편당 600만 달러, 총 6,000만 달러(약 720억 원)가 들어갔는데 시즌 1의 성공으로 시즌 2는 6,900만 달러로 약 15%가 상승했고 시즌 6에서는 1억 달러(약 1,200억 원)까지 상승하게 됐다.

시즌 마지막에서는 에피소드가 여섯 편에 불과해 시즌 6보다는 적은 금액을 투자했지만, 편당 제작비는 시즌 1의 2.5배에 달하는

〈왕좌의 게임〉 에피소드별 시청자 수

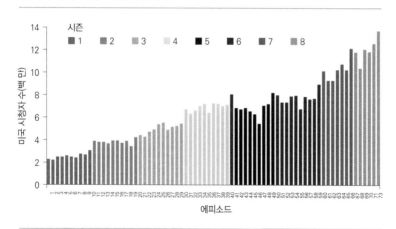

출처: wikipedia.org

1,500만 달러(약 180억 원)라는 엄청난 비용이 투자됐다. HBO 입장에서도 제작비의 상승은 시청률과 가입자가 뒷받침된 덕분에 가능한 일이었다. 〈왕좌의 게임〉은 시즌이 거듭할수록 시청률과 가입자도 급상승했다. 시즌 1은 평균 252만 명으로 시작했지만, 시즌 7에서는 초기의 4배 수준인 평균 1,000만 명이 넘어섰고 마지막 시즌 8에서는 1,360만 명이 넘는 시청자가 〈왕좌의 게임〉을 시청했다. 그만큼 HBO 가입자도 급증하게 된 것이다.

영국 기반의 뱅킹 서비스 업체인 싱크머니Thinkmoney는 〈왕좌의 게임 시즌 8〉 최종회를 앞두고 그동안 〈왕좌의 게임〉이 HBO에게 수익성을 얼마나 안겨줬는지 흥미 있는 분석을 통해 다음과 같이 발표했다.[3]

- 〈왕좌의 게임〉 제작비는 8개 시즌 동안 꾸준히 증가했지만, 프로그램의 엄청난 인기로 인해 지금은 한 시즌에 시청자당 2.37달러(약 2,850원) 정도의 비용만 사용된다.
- 이 프로그램은 총제작비로 15억 달러(약 1조 8,000억 원)가 들었는데 HBO 구독료(이용료)만으로 31억 달러(약 3조 7,200억 원)를 벌어들였다.
- 총 8시즌, 73회에 걸쳐 생산해낸 566명의 캐릭터에 HBO가 쓴 비용은 시청자당 30.90달러에 불과했다.
- 〈왕좌의 게임〉 8개 시즌으로 HBO 가입자로부터 에피소드당 평균 8,800만 달러(약 1,056억 원)를 벌어들였다.
- 존 스노(Jon Snow)가 8개 시즌 내내 화면에 출연하는 시간을 기준으로

HBO 수입 5억 1,000만 달러(약 6,120억 원)를 책임져 수익에 관한 한 왕위 계승 자격이 있다.

- 화면에서 1분당 HBO에 가장 많은 수익을 가져다준 캐릭터는 그레이 웜(Grey Worm)이 1위로, 1분마다 95만 3,378달러(약 11억 4,400만 원)를 벌어들인다.

〈왕좌의 게임〉은 8개 시즌 동안 에미상에서만 총 160개 부문의 후보에 올라 총 59개의 상을 받는 등 수상 기록도 타의 추종을 불허한다. 시즌 1이 시작된 2011년 프라임타임 에미상에서 드라마 부문 남우조연상(피터 딩클라지) 수상을 시작으로 2015·2016·2018·2019 드라마 시리즈 작품상, 2015·2016 감독상, 수많은 크리에이티브 아츠 에미상Creative Arts Emmy Awards 부문에서 수상함으로써 그동안 에미상의 기록을 갈아치우고 에미상에서 가장 많은 트로피를 차지한 작품이 되었다. 이 밖에 아메리칸 필름 인스티튜트 어워드American Film Institute Awards에서 8개 시즌이 모두 '올해의 10대 TV 프로그램'에 선정되는 등 시상식 때마다 〈왕좌의 게임〉의 수상 소식은 끊이지 않았다.

하지만 HBO에게도 고민은 있었다. HBO는 2010년 HBO GO를 시작으로 2015년 HBO NOW를 통해 HBO 가입자에게 스트리밍 서비스를 시작했다. 이 시기는 정확히 넷플릭스의 의미 있는 가입자 증가 시기와 맞물린다. 넷플릭스와 달리 HBO 스트리밍 서비스는 HBO 콘텐츠만 제공하므로 다양성과 그 양에서 넷플릭스에 뒤처질 수밖에 없었다. 이런 이유로 〈왕좌의 게임〉의 새로운 시즌이 시작될 때는 증가하던 가입자들이 해당 시즌이 종료되면 가입을 해지하고 새로운 시즌이 시작되면 다시 가입하는 현상을 보였다. 넷플릭스는 가입 후 6개월이 지난 시점에서 지속적으로 유지할 확률(재구매율)이 74%로 높은 데 반해 HBO는 지속율이 40%에 불과해 HBO와 모기업 AT&T는 〈왕좌의 게임〉이 종료되는 2019년 이후를 준비할 수밖에 없었다. 여기서 HBO MAX가 출발하게 되었다. 기존에 HBO의 콘텐츠뿐 아니라 최고의 콘텐츠 제작사인 워너브라더스, 거기에 DC코믹스와 CNN까지 합쳐 다양성과 콘텐츠 양에서 넷플릭스나 디즈니플러스에 뒤지지 않는 스트리밍 서비스를 만들기로 한 것이다.

● DC코믹스

디즈니플러스에 마블이 있다면 HBO MAX에는 DC코믹스가 있다. 1934년 설립된 DC코믹스는 《슈퍼맨》, 《배트맨》, 《원더우먼》 등 슈퍼 히어로물을 출판하면서 마블코믹스와 미국 만화 산업의 양대 산맥을 이루고 있는 회사다. 설립 이후 1969년 타임워너에 인수되었고 그래픽노블회사인 버티고VERTIGO를 자회사로 두고 있는 회사로 〈배트맨〉, 〈슈퍼맨〉 같은 수많은 히어로물 영화를 제작했고 마블 유니버스 같은 〈저스티스 리그〉를 만들어냈다. DC코믹스의 캐릭터와 배경은 마블의 히어로물과 달리 다소 어둡고 디스토피아적인 분위기가 특징이다. DC코믹스를 기반으로 제작된 영화를 보면 앞으로 HBO MAX가 마블의 디즈니플러스에 어떻게 대적해갈지 엿볼 수 있을 것이다.

DC코믹스의 영화

개봉 연도	영화	등장 캐릭터
2005	〈배트맨 비긴즈(Batman Begins)〉	배트맨
2006	〈슈퍼맨 리턴즈(Superman Returns)〉	슈퍼맨
2008	〈다크 나이트(The Dark Knight)〉	배트맨
2009	〈왓치맨(Watchmen)〉	닥터 맨해튼, 로어셰크 등
2010	〈조나 헥스(Jonah Hex)〉	조나 헥스(현상금 사냥꾼)
2011	〈그린 랜턴(Green Lantern): 반지의 선택〉	그린 랜턴
2012	〈다크 나이트 라이즈(The Dark Knight Rises)〉	배트맨, 베인
2013	〈맨 오브 스틸(Man of Steel)〉	슈퍼맨
2016	〈배트맨 대 슈퍼맨: 저스티스의 시작(Batman v Superman: Dawn of Justice)〉	배트맨, 슈퍼맨, 원더우먼
	〈수어사이드 스쿼드(Suicide Squad)〉	할리 퀸, 조커
2017	〈레고 배트맨 무비(The Lego Batman Movie)〉	배트맨, 로빈, 배트걸, 조커
	〈원더우먼(Wonder Woman)〉	원더우먼
	〈저스티스 리그(Justice League)〉	배트맨, 슈퍼맨, 원더우먼, 플래시, 아쿠아맨, 사이보그
2018	〈틴 타이탄 GO! 투 더 무비스(Teen Titans Go! To the Movies/애니메이션)〉	비스트 보이, 레이븐, 사이보그 등
	〈아쿠아맨(Aquaman)〉	아쿠아맨, 메라
2019	〈샤잠!(Shazam!)〉	샤잠
	〈조커(Joker)〉	조커
2020	〈버즈 오브 프레이: 할리 퀸의 황홀한 해방(Harley Quinn: Birds of Prey)〉	할리 퀸, 블랙 카나리, 블랙 마스크

AT&T의
스트리밍 서비스 전략

2020년 5월 27일, AT&T는 계열사 HBO가 그동안 서비스해 오던 스트리밍 서비스 HBO GO와 HBO NOW를 흡수한 새로운 OTT 플랫폼 HBO MAX의 스트리밍 서비스를 시작했다.

2010년 HBO를 어디서든 볼 수 있도록 시작한 스트리밍 서비스 HBO GO와 2015년 넷플릭스에 대항하기 위해 케이블TV에서 HBO를 가입하지 않고도 HBO의 콘텐츠를 이용할 수 있도록 독립적인 스트리밍 서비스를 시작한 HBO NOW는 대부분 HBO가 제작한 영화·드라마·다큐멘터리에 일부 판권을 확보한 영화를 VOD 방식으로만 제공했다. HBO 채널에서 방송하고 있는 실시간 라이브LIVE는 제공하지 않았고 콘텐츠 종류와 양도 넷플릭스에 비하면 절대적으로 부족했다. 그러다 보니 〈왕좌의 게임 시즌

6)이 종료된 이후 가입자가 급격히 이탈해 수익이 40%나 하락하는 문제가 발생한 것이다. HBO 입장에서는 대안을 마련해야 하는 일이 절실했겠지만, 이는 비단 HBO만의 문제가 아니었다. HBO가 스스로 해결하기도 힘든 문제였다.

고심 끝에 AT&T는 〈왕좌의 게임〉의 마지막 시즌이 끝난 2019년 5월 직후인 7월 9일, 그동안의 HBO가 운영하던 스트리밍 서비스HBO GO+HBO NOW는 중단하고 두 서비스를 포함한 새로운 스트리밍 서비스인 HBO MAX를 공개했다. HBO뿐 아니라 AT&T가 가용할 수 있는 모든 자원(워너브라더스, 뉴라인시네마, DC코믹스, CNN, TNT, TBS, 트루TV, TCM, 카툰네트워크, 루스터티스, 루니툰스 등)을 동원해 1만 시간* 분량의 콘텐츠를 스트리밍 서비스하겠다고 밝히면서 넷플릭스, 디즈니플러스 여기에 NBC유니버설까지 분주하게 만들었다.

AT&T의 공격적인 시장 진입 선언은 여기서 끝나지 않았다. 스트리밍 시장에서 '공공의 적'이 된 넷플릭스에게서 워너미디어가 판권을 보유하고 있는 〈프렌즈〉 236개 전 에피소드를 회수해 HBO MAX 출시 때 서비스하겠다고 했고, 〈빅뱅이론〉 279개 전 에피소드에 대한 스트리밍 서비스 권한도 확보했다고 했다.** 시트콤 〈프렌즈〉와 〈빅뱅이론〉은 워너브러더스가 제작한 콘텐츠지만

---

* 1만 시간은 60만 분으로 60분물 영화나 드라마 1만 편, 30분 시트콤 2만 편에 해당하는 분량이다.
** 워너미디어가 확보한 〈빅뱅이론〉의 스트리밍 권한은 미국 내에 한정이고 넷플릭스의 글로벌 판권은 여전히 유효하다.

AT&T의 경쟁사인 NBC와 CBS가 방송했던 프로그램이라 확보가 쉽지 않았다.

특히 〈빅뱅이론〉은 워너미디어가 소유한 케이블TV, TBS가 2024년까지 방송 계약이 된 것을 2028년까지 연장시키는 등 AT&T가 계열사를 적극 활용한 것이다. 미국의 경제 신문 〈WSJ〉에 따르면 TBS의 〈빅뱅이론〉 계약서에 '방송사 동의 없이는 스트리밍 서비스에 판매할 수 없다'라는 조항이 포함되었다고 한다. 결국 〈빅뱅이론〉의 재방송 권한을 확보한 TBS 때문에 HBO MAX는 스트리밍 서비스를 할 수 있게 된 것이다.

〈프렌즈〉, 〈빅뱅이론〉, 〈왕좌의 게임〉에 〈해리 포터〉 전 시리즈, 〈반지의 제왕〉, DC의 영화들과 〈저스티스 리그〉까지 HBO MAX에는 최고의 라이브러리와 앞으로도 지속적으로 제공될 HBO의 미드와 워너미디어의 영화 콘텐츠를 바탕으로 AT&T는 스트리밍 서비스 시장에서 한바탕 격전을 펼칠 수 있게 되었다. 그러나 AT&T의 전략은 여기서 끝나지 않는다. 넷플릭스를 제외하고 다른 경쟁사들은 2개 이상의 스트리밍 서비스를 갖고 있다. 아마존은 아마존 프라임 비디오 외에 IMDb를, 디즈니는 디즈니플러스 외에 훌루·ESPN플러스·핫스타를, 컴캐스트는 피콕 외에 수모·부두를 갖고 있다.

AT&T도 실시간 스트리밍 서비스 AT&T TV를 스트리밍 사업에 적극 활용하겠다는 계획이다. 2015년 인수한 DirecTV가 운영하던 DirecTV NOW를 2019년 AT&T TV NOW로 변경해 운영

AT&T TV

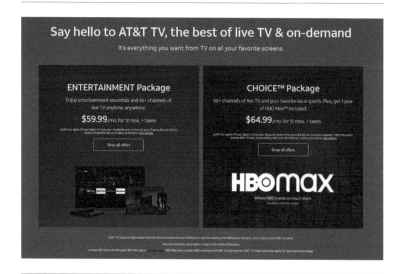

했던 AT&T가 전국 단위의 실시간 스트리밍 서비스 AT&T TV를 다시 런칭했다. AT&T TV NOW와 달리 셋톱박스가 있는 AT&T TV는 스트리밍 서비스와 케이블TV 같은 유료방송 서비스를 동시에 하겠다는 것인데 이를 위해 100개가 넘는 채널(실시간 방송)과 4만 개 이상의 VOD를 포함하고 있다. 500시간을 기록할 수 있는 DVR 기능도 제공한다. 구글 안드로이드OS를 기반으로 만들어진 AT&T TV의 셋톱박스는 구글 플레이 스토어에서 다양한 TV 스트리밍 앱을 다운받아 이용할 수 있다. 넷플릭스, 유튜브, 스포티파이, HBO MAX를 다운받아 TV에서 이용할 수 있다는 얘기다.

AT&T는 AT&T TV를 활용해 줄어드는 DirecTV의 가입자를 막아보겠다는 것 외에 HBO MAX의 활성화를 적극 돕겠다는 전략이다. 이는 그들이 내놓은 상품에 잘 드러나 있다. 가장 기본 상품인 엔터테인먼트 패키지Entertainment Package는 실시간 채널 65개 이상을 지원하지만, 다음 단계인 초이스 패키지Choice Package를 선택하면 제공하는 실시간 채널이 지역 스포츠 채널을 포함해 90개로 늘어난다. 여기에 HBO MAX를 1년간 무료 제공하겠다는 것이다. 최고 단계의 엑스트라 패키지Xtra Package는 골프(NBC골프)와 다큐멘터리 채널 등을 추가해 총 120개 이상의 채널을 제공하면서 HBO MAX를 1년간 무료 제공한다. 물론 이 두 패키지 상품은 1년이 지나 HBO MAX를 해지하지 않으면 이용료 14.99달러를 추가 지불해야 하니 요금 부담이 늘어나긴 한다.

컴캐스트도 마찬가지지만 기존의 방송국을 보유한 미디어 그룹은 넷플릭스와 경쟁하면서 복잡한 생각을 할 수밖에 없다. 넷플릭스가 온리 스트리밍 서비스에 집중할 때 이들은 기존에 확보한 방송 사업과의 관계, 가입자의 코드 커팅 문제, 기존 방송 광고 문제를 고민해야 하기 때문이다. AT&T는 하이브리드형 서비스 AT&T TV를 통해 기존 가입자도 붙잡고 HBO MAX를 도와 새로운 스트리밍 서비스 시장에도 참여하는 전략을 세운 것인데 성공 여부는 좀 더 지켜봐야 할 것 같다. 이런 문제는 국내 또한 다르지 않다. PART 3에서 이야기하겠지만 국내 OTT 사업도 컴캐스트나 AT&T처럼 방송국을 소유하고 있는 사업자 중심으로 진행되고 있어 기존 미디어 사업 바탕 위에서 넷플릭스와 경쟁하다 보니 쉽지 않은 싸움을 하고 있다.

콘텐츠 전쟁, 라이브러리 싸움

넷플릭스에서 가장 많이 시청하는 콘텐츠는 무엇일까? 넷플릭스 오리지널 콘텐츠 시대를 연 〈하우스 오브 카드〉일까? 아니면 넷플릭스가 어마어마한 자금력을 앞세워 제작한 〈아이리시맨〉일까? 정답은 둘 다 아니다. 국내 상황과 물론 차이가 있겠지만 글로벌 데이터를 기반으로 말하면, 시트콤 〈디 오피스〉가 넷플릭스 시청자가 가장 많이 보는 콘텐츠다.

데이터 마케팅 분석회사인 점프샷*이 발표한 자료에 따르면 2018년 넷플릭스에서 가장 많이 본 콘텐츠는 〈디 오피스〉, 〈프렌즈〉, 〈팍스 앤 레크리에이션〉 같은 2000년대에 제작한 시트콤이다.

---

* 점프샷(Jumpshot)은 수집한 데이터를 분석한 다음 알리지 않고 고객 데이터를 제3자에게 판매한 것이 문제가 되어 2020년 1월 폐쇄했다.

2018년 넷플릭스에서 가장 많이 본 콘텐츠

콘텐츠	비율
〈디 오피스〉	7.19%
〈프렌즈〉	4.13%
〈팍스 앤 레크리에이션〉	2.34%
〈그레이 아나토미〉	2.11%
〈뉴걸〉	1.65%
〈수퍼내추럴〉	1.18%
〈청춘연애사 70쇼〉	1.17%
〈크리미널마인드〉	1.17%
〈NCIS〉	1.09%
〈못말리는 패밀리〉	0.84%
〈쉐임리스〉	0.84%
〈길모어 걸스〉	0.77%
〈프레이저〉	0.74%
〈오렌지 이즈 더 뉴 블랙〉	0.74%
〈보잭 홀스맨〉	0.67%
〈블랙미러〉	0.61%
〈뱀파이어 다이어리〉	0.61%
〈루머의 루머의 루머〉	0.58%
〈빅마우스〉	0.57%
〈플래시〉	0.54%

출처: 점프샷

재미있는 것은 위의 그림에서 보라색 막대는 디즈니나 폭스, 워너 미디어, NBC유니버설 같은 다른 미디어 그룹으로부터 구매한 라이브러리 콘텐츠이고 회색 막대는 넷플릭스가 판권을 소유한 콘텐츠인데 보라색 막대가 1~6위를 포함해 톱 20 중 13개를 차지하고 있다는 사실이다.

OTT 사업자들은 콘텐츠를 구성할 때 기존에 방송됐거나 영화관에서 개봉된 구작, 라이브러리와 신규 오리지널 콘텐츠를 동시

오리지널 콘텐츠의 이동

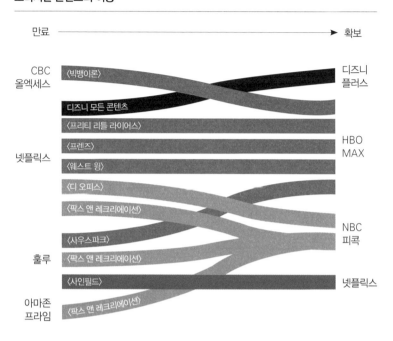

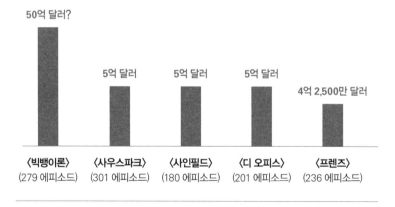

에 확보해 다양한 구독자의 만족도를 높여주고 있다. 오리지널 콘텐츠는 임팩트가 있다. 하지만 1년에 신규로 제작되는 수가 한계가 있어 신작만으로 구독자를 만족시켜주기는 어렵다. 오리지널 콘텐츠가 OTT를 가입하게 하는 요인이라면 라이브러리 콘텐츠는 구독자를 유지시켜주는 힘이라고 할 수 있다. 넷플릭스와 한판 전쟁을 벌이려고 새로운 OTT 서비스를 런칭한 기존 미디어 사업자들이 이를 모를 리 없다. 그래서 콘텐츠 쟁탈전이 벌어졌다.

NBC는 2021년 말 넷플릭스의 〈디 오피스〉 서비스 계약이 만료되면 자체 스트리밍 서비스인 피콕에서 독점 공개할 예정이다. NBC는 넷플릭스에서 가장 많이 이용하는 콘텐츠를 가져오기 위해 무려 5억 달러(약 6,000억 원, 5년 계약)를 썼다고 한다. 그뿐 아니라 넷플릭스에서 세 번째로 많이 소비되고 있던 〈팍스 앤 레크리에이션〉도 여러 OTT 사업자로부터 회수해왔다.

워너브라더스는 조금 더 적극적이다. HBO MAX를 위해 〈프렌즈〉, 〈빅뱅이론〉, 〈웨스트 윙〉 방영권과 성인용 애니메이션 〈사우스 파크〉까지 확보했다. 이들 프로그램 모두 넷플릭스나 훌루가 서비스하고 있었다.

앞으로 NBC유니버설과 워너브라더스는 이들 시트콤을 활용한 스핀오프나 리부트 버전 콘텐츠를 제작해 피콕과 HBO MAX의 오리지널 콘텐츠로 만들어 계속 넷플릭스를 괴롭힐 계획을 하고 있을지 모른다.

잘나가는 콘텐츠를 빼앗기게 된 넷플릭스도 가만히 있을 순

없었다. 넷플릭스는 2019년 9월 소니픽처스텔레비전Sony Pictures Television으로부터 〈사인필드〉의 독점 방영권을 확보했다. 180개 에피소드로 구성된 〈사인필드〉를 2021년부터 5년간 스트리밍 서비스하기로 한 것이다. 기존에 디즈니의 훌루가 갖고 있던 〈사인필드〉를 빼앗아오면서 넷플릭스도 반격을 시작한 것이다. 넷플릭스는 이를 위해 NBC유니버설이 〈디 오피스〉를 확보하기 위해 지불한 5억 달러보다 더 많은 비용을 지불한 것으로 알려졌다. 앞의 그림은 이런 콘텐츠의 이동을 잘 보여주고 있다.[4]

7장

퀴비,
새로운 경쟁자의 등장

"빅 스토리, 퀵 바이트BIG STORIES, QUICK BITES". 6~10분 정도의 짧은(숏 폼) 콘텐츠이지만 스토리 완성도가 높다고 해서 붙인 슬로건으로 미국에 코로나-19가 확산되기 직전에 열렸던 CES 2020에서 퀴비의 창립자, 제프리 카젠버그Jeffrey Katzenberg가 키노트 스피치에서 한 말이다.

우리에겐 다소 생소할 수 있는 퀴비는 모바일 기기 시청자에게 숏 폼 콘텐츠를 스트리밍 서비스하기 위해 2018년 8월 설립해 2020년 4월 서비스를 런칭한 OTT 사업자다. 스냅챗이나 틱톡처럼 10대 또는 20대가 영상을 촬영해서 올리는 서비스가 아니라 전문 제작사와 제작 인력이 만드는 프로 숏 폼 콘텐츠 서비스라 할 수 있다. 월트디즈니스튜디오 회장을 거쳐 드림웍스애니메이션DWA 공동 창립자 겸 CEO였던 제프리 카젠버그와 월트디즈니그룹 전략기획 부사장을 거쳐 이베이와 HP의 CEO를 역임했던 맥 휘트먼Meg Whitman이 함께하는 퀴비는 서비스 시작 전부터 많은 미디어 그룹으로부터 투자를 받아 유명세를 치른 바 있다.

카젠버그가 2018년 퀴비를 설립할 때 월트디즈니컴퍼니, 21세기폭스(현재의 21세기스튜디오), NBC유니버설, 소니픽처스, 타임워너(현재의 워너미디어), 바이어콤(현재의 바이어콤CBS), MGM, 리버티글로벌* 등 미국의 유명 미디어 회사와 이원eOne(하스브로** 소

---

* 리버티글로벌(Liberty Global)은 영국 런던, 네덜란드 암스테르담, 미국 덴버에 본사가 있는 다국적 통신 기업으로 영화·TV 프로그램을 제작하는 리버티미디어를 보유하고 있다.
** 미국-캐나다의 다국적 대기업 하스브로(Hasbro)는 장난감, 보드게임, 미디어 회사를 보유하고 있다.

유), 라이온스게이트*, 마드론캐피탈**, 골드만삭스, JP모건, 알리바바그룹*** 등 여러 투자 회사 그리고 영국의 ITV를 통해 10억 달러(약 1조 2,000억 원)의 자금을 투자받았다. 이후에도 영국 BBC Studios(2019)로부터 추가 투자를 받는 등 지금까지 투자받은 금액(약 18억 달러)과 투자한 회사만 봐도 퀴비와 카젠버그에 기대하는 바가 얼마나 큰지 짐작할 수 있다. 이뿐만 아니다. 퀴비는 서비스 런칭(2020년 4월) 전인 1월에만 1억 5,000만 달러(약 1,800억 원)의 광고를 선판매하는 성과를 올렸다.

제프리 카젠버그는 CES 2020에서 "퀴비는 영화(드라마), 다큐멘터리, 뉴스 등 3개 카테고리를 제공하며 2020년 총 175편, 8,500여 개의 에피소드가 준비되어 있다"라고 알렸다. 그러면서 NBC 뉴스, 게임쇼도 제공될 것을 예고했다.

카젠버그는 퀴비를 소개하면서 '기술'에 가장 중점을 두었다. 퀴비는 모바일 디바이스로 콘텐츠를 시청하는 시청자에게 최적화된 서비스를 제공하기 위해 '턴 스타일Turn Style' 방식을 선보였다. 턴 스타일이란 스마트폰의 화면 위치(가로세로)에 따라 같은 스토리 속에서 서로 다른 화면을 보여주는 것이다. 가로 화면이면 랜드스케이프 카메라Landscape lens로 제작된 시청자 관점(3인칭 시점)의

---

* 라이온스게이트(Lionsgate)는 미국 기반의 캐나다 엔터테인먼트회사로 라이온스 필름·TV·홈 엔터테인먼트 등의 사업 부문을 보유하고 있다.

** 마드론캐피탈(Madron Capital)은 월마트 회장의 장남 로빈슨 월튼(S. Robson Walton)과 협력하는 벤처캐피탈이다.

*** 중국 마윈이 창립한 세계 최대 전자 상거래 업체로 알리페이, 샤오미 등 서비스를 하고 있고 세계 최대 벤처캐피탈 중 하나로 투자도 활발하다. 2020년 알리바바의 브랜드 가치는 6위를 기록하고 있다.

퀴비의 가로세로 화면

출처: 퀴비 홈페이지

영상을, 세로 화면이면 포트레이트 카메라Portrait lens로 제작된 주인공 시점(1인칭 시점)의 영상을 보여준다. 턴 스타일 방식은 시청하기 전이나 시청 중에 영상을 멈추고Pause 선택하는 것이 아니라 시청 중 언제든지 가로나 세로로 스마트폰의 위치를 변경하면 시점이 바뀌고, 장면을 전환할 때 버퍼링이 없으며 오디오의 끊김 현상도 없어 스토리의 몰입감을 높여주는 새로운 기술이다. 모바일 이용자를 위한 최적의 스트리밍 서비스를 위해 퀴비가 들고나온 턴 스타일 기술은 특허까지 출원해 당분간 퀴비만 이 기술을 사용할 수 있다. 한마디로 퀴비가 새로운 스트리밍 시장 개척을 위해 들고나온 무기(전략)다.

이와 함께 퀴비는 고객(시청자) 맞춤형 서비스 전략을 들고나왔다. CEO 맥 휘트먼은 퀴비의 고객 맞춤형 전략에 대해 이렇게 설명했다. "퀴비는 머신러닝 기술에 인공지능도 활용해 시청자가 무엇을 보고 있는지 살펴보고 그날 특정 시간대에 다른 콘텐츠를 선별해 추천해준다"라는 것이다. 퀴비는 매일 25개 정도의 콘텐츠, 약 3시간 분량(25편×편당 평균 7분)의 오리지널 콘텐츠를 제공할 예정이다. 이러한 계획은 인터넷을 통해 동영상을 시청하는 시간이 하루 80분 정도임을 감안한 퀴비의 콘텐츠 서비스 유통 전략이다.

이런 전략을 토대로 퀴비는 광고를 포함한 월 4.99달러(약 6,000원) 구독 요금제와 광고 없는 월 7.99달러(약 9,600원) 구독 요금제, 두 가지를 들고나왔다. 처음 90일 동안은 무료로 제공해 많은 모바일 이용자에게 퀴비를 경험하게 한다는 마케팅 전략도 제시했다. 퀴비는 주 고객층인 18~34세의 젊은 이용자는 광고에 대한 거부감이 덜해 광고를 포함한 저가 요금제를 많이 구매할 것으로 예상하면서 10년 이내 수익을 낼 것이라고 전망했다.

퀴비의
오리지널 콘텐츠

CES 2020 키노트 스피치에선 "빅 스토리, 퀵 바이트"라 소개했던 퀴비가 지금은 홈페이지 quibi.com에서 "퀵 바이트, 빅 스토리 QUICK BITES. BIG STORIES."*라고 소개한다. 퀴비가 시청자의 '빠른 입맛'에 맞는 콘텐츠를 서비스하고 있음을 강조하는 건 아닐까?!

퀴비는 콘텐츠를 소개할 때, 어떤 상황에서 퀴비를 시청하면 좋은지 이야기해준다. "퀴비의 새로운 서비스 런칭으로 당신이 침실을 떠나 출근하는 시간이 좋아지게 될지 모른다"거나 "10분 정도 되는 산책을 할 때, 파스타가 요리되기를 기다리는 사이에, 굳이 참여하지 않아도 되는 음성이 소거된 지루한 화상 회의Zoom meetin

---

* 그 외에 "폰에 최적화된 고품질 영화를 시청하세요. 매일 새로운 에피소드가 제공됩니다(Watch movie-quality shows designed for your phone. New episodes every day)"라고 소개하고 있다.

퀴비의 슬로건 '퀵 바이트, 빅 스토리'

출처 : 퀴비 홈페이지

에서 퀴비에게 당신의 시간을 맡겨봐!Throw on a Quibi! "라고 홍보한다. 이런 퀴비는 어떤 콘텐츠를 보유하고 있을까?

퀴비는 크게 세 가지의 콘텐츠 카테고리로 나눠볼 수 있다. 10분 미만의 챕터Chapter 형식의 드라마(영화), 패션·뷰티·요리 등 다양한 분야의 에피소드 형식의 다큐멘터리 시리즈Docuseries, 매일 제공되는 라이브 뉴스(정보 쇼 콘텐츠 포함)를 기본으로 뉴스Daily News & Daily Entertainment New, 드라마Action&Drama, 코미디Comedy, 다큐멘터리, 리얼리티·컴피티션·토크쇼Reality, competition, talk shows, 라이프&문화Life&Culture, 스포츠&게임Sport&Gaming의 세부 장르로 구분해 시청자에게 서비스하고 있다.

퀴비는 다양한 장르의 새로운 콘텐츠를 제작하기 위해 서비스 첫해인 2020년에만 10억 달러(약 1조 2,000억 원) 이상의 콘텐츠 수급 비용 지출을 계획하고 있다.

당연히 기존의 롱 폼 콘텐츠(30분 이상의 영화·드라마·다큐멘터리 등)를 짧게 줄이거나 잘라서 여러 편으로 나눠 스트리밍하는 게 아니라 새롭게 리부팅해서 퀴비만의 스타일로 숏 폼 콘텐츠를 만들어 스트리밍하는 콘텐츠 전략을 쓰고 있다. 예전에 인기 있는 프로그램을 새로운 시즌에 기획해 추가하거나 이름과 포맷을 빌려와 퀴비만의 콘텐츠로 만드는 것이다.

이제부터 2020년 4월, 서비스 런칭을 위해 퀴비가 새롭게 선보인 흥미 있는 콘텐츠 몇 개를 소개한다. 대체 퀴비 스타일의 콘텐츠는 무엇이고 어떤 것인지 알아보자.

● 드라마

〈가장 위험한 게임〉

영화 〈헝거 게임〉의 리암 헴스워스와 〈바스터즈〉*의 크리스토퍼 왈츠가 출연한 퀴비의 액션-스릴러 드라마다. CBS텔레비전스튜디오와 합작해 총 15개의 에피소드로 제작되었다.

말기 뇌암에 걸린 리암 헴스워스(닷지 타인)가 임신한 부인을 돌보기 위해 크리스토퍼 왈츠(마일즈 셀라)의 제안을 받아들여 위험

---

* 〈바스터즈: 거친 녀석들(Inglourious Basterds)〉(2009)의 크리스토퍼 왈츠(Christoph Waltz)는 이 영화를 통해 67회 골든글로브, 44회 전미비평가협회상, 22회 시카고비평가협회상, 74회 뉴욕비평가협회상에서 남우조연상을 수상했다.

한 사냥 경기에 참여해 자신의 삶과 가족을 위해 얼마나 싸울 수 있는지 한계를 보여주는 내용이다. 퀴비는 런칭일인 2020년 4월 6일에 세 편을, 그 후 매일 한 편씩 공개하는 등 보통의 스트리밍 서비스와 다른 방식으로 콘텐츠를 공개하면서 차별화된 모습을 보여주었다.

〈가장 위험한 게임Most Dangerous Game〉은 2020년 72회 프라임타임 에미상에, 〈르노 911!〉과 함께 단편

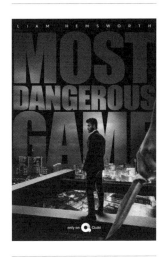

퀴비의 액션 스릴러 영화
〈가장 위험한 게임〉 포스터

출처: 퀴비 홈페이지

드라마 시리즈 부문 후보에 올랐을 정도로 작품성을 인정받았다.

〈더 스트레인져〉

범죄 TV 시리즈물 작가·감독·총괄 프로듀서로 유명한 캐나다 출생의 인도계 미국인인 비나 수드Veena Sud 감독의 범죄 스릴러 드라마로, 총 13개 에피소드로 구성되어 있다.

각 타이틀의 소제목(에피소드 1: 오후 7시, 에피소드 2: 오후 8시~에피소드 13: 오전 7시)에서 알 수 있듯이 의문의 승객이 차에 타면서 다음 날 아침까지 12시간 동안 벌어지는 사건을 보여주고 있다. 퀴비는 〈더 스트레인져THE STRANGER〉를 선보이는 첫날인 2020년 4월 13일에만 세 편을 공개하고 이후 하루에 한 편씩 에피소드를 공개

하고 있다.*

● 코미디

〈르노 911!〉

미국 네바다주에 위치한 도시 리노에서 근무하는 8명의 경찰관에 관한 이야기를 담아낸 페이크 다큐멘터리 형식(모큐멘터리)의 고미디 드라마다. 코미디센트럴프로덕션이 2003년부터 2009년까지 약 6년간(시즌 1~6) 88개의 에피소드를 제작해 방송했던 것을 퀴비가 후속 시즌(시즌 7)을 새롭게 제작해 스트리밍 서비스하고 있다. 퀴비는 시즌 7을 제작하면서 이전 시즌 출연 배우들과 감독을 섭외해 제작에 참여시키면서 화제가 됐는데 촬영에 참여한 감독과 배우들은 새롭게 만들어진 12개의 에피소드로 인해 총 100개의 에피소드를 만들게 된 것에 특히 기뻐했다고 한다. 퀴비는 〈펑크드Punk'd 시즌 2〉와 함께 〈르노 911!Reno 911! 시즌 7〉의 2부를 2020년 8월에 추가로 선보이기로 했다.

---

* 퀴비는 두 편의 오리지널 드라마 외에 〈생존(SURVIVE)〉, 〈크리시의 법정(Chriss's Court)〉, 〈도망자(The Fugitive)〉 등의 오리지널 드라마를 선보였다.

● 리얼리티·경연·토크 쇼

〈싱글드 아웃〉

1995년 MTV가 처음 제작한 데이팅 게임쇼Dating game show로 크리스 하드윅과 제니 맥카시가 MC를 봤다. 전통적인 데이트 쇼에 코미디 요소를 접목시켜 데이트 쇼의 고전이 된 〈싱글드 아웃 Singled Out〉은 1998년 프로그램을 끝냈으나 MTV가 2018년 유튜브 채널을 위해 두 래퍼 저스티나 발렌틴Justina Valentine과 컨시티드 Conceited를 공동 MC로 내세우고 최신 힙합 요소를 많이 가미시켜 새로운 시리즈로 제작했다. 2019년 MTV Studios가 퀴비를 위해 10분 미만 길이의 퀴비 전용 에피소드 20개를 제작하기로 계약해 퀴비 런칭일인 2020년 4월 6일에 10개의 에피소드를 먼저 선보였고 9월 7일에 나머지 10개를 선보이기로 했다. 퀴비 전용 에피소드에서는 미국 배우이자 가수인 케케 팔머Keke Palmer가 MC를 맡았다.

● 다큐 시리즈

〈아이 프라미스〉

NBA 스타 선수인 르브론 제임스LeBron James가 제작한 다큐멘터리 시리즈로, 고향 오하이오주 애크런에 2018년 그가 개교한 공립학교 IPSI Promise School 학교 이야기다. 개교 이후 르브론 제임스와 교사·학생들이 마주하게 됐던 성공과 도전 스토리를 1개당 8분

학교를 배경으로 한 다큐멘터리 시리즈 〈아이 프라미스〉 포스터

출처: 퀴비 홈페이지

가량의 15개 에피소드로 보여준다. 〈아이 프라미스I PROMISE〉는 애크런에서 사람들이 트라우마와 도전을 수용하는 독특한 가족 우선적인 Family-first 교육 환경에서 함께 일하는 학교 직원·학생·가족의 일상적인 도전·시련·삶을 변화시키는 영향에 관해 탐구하는 모습을 보여주는 퀴비 스타일의 다큐멘터리 시리즈다.

● 라이브 뉴스

퀴비와 비슷한 시기에 시범 서비스를 런칭한 NBC유니버설의 피콕은 계열사 NBC뉴스를 통해 피콕에 스트리밍할 뉴스 콘텐츠를 개발하고 있었다. 그런데 NBC뉴스가 돌연 피콕의 뉴스 서비스 개발을 중단하고 퀴비와 숏 폼 뉴스 콘텐츠를 만드는 데 집중하겠다고 알려지면서 퀴비에 힘이 실렸다. NBC뉴스는 NBC유니버설이 피콕 서비스에 뉴스보다는 드라마와 오락 콘텐츠를 키우겠다는 의지가 강해 피콕을 위한 뉴스 콘텐츠 개발을 중단하고 퀴비와 손을 잡게 된 것이다.

퀴비는 런칭 이후 '데일리 에센셜 뉴스Daily Essential News'를 통해 NBC, CBS, BBC에게 공급받아 서비스하는 일반 뉴스와 워너브라더스의 TMZ 같은 연예·대중문화 뉴스를 제공한다. NBC, CBS, BBC, 워너브라더스 모두 퀴비의 투자자이기도 하다. 보통은 각 방송사로부터 하루에 한 편의 뉴스를 제공받는데 뉴스 포맷 개발을 협력하기로 한 NBC로부터는 모닝 뉴스와 이브닝 뉴스, 주말 뉴스를 제공받는 등 다른 방송사에 비해 그 양이 많다. 퀴비에서 제공하는 뉴스는 계속 콘텐츠를 제공하는 것이 아니라 보통 실시간 방송을 한 후 일주일 동안만 제공되며 ESPN에서 제공하는 스포츠 뉴스는 최신 에피소드 한 편만 제공한다. 이 밖에 스페인어 뉴스, 음악·날씨 뉴스도 제공한다.

퀴비 서비스
오픈과 성과

거대 미디어 그룹과 캐피탈 회사, 많은 광고주로부터 관심을 한 껏 받았던 퀴비는 2020년 4월 6일 큰 기대를 안고 스트리밍 서비스를 런칭했다. 새로운 스트리밍 서비스 퀴비의 데뷔는 모두의 기대처럼 성공적이었을까? 보기 좋게 그 기대가 무너졌다.

● **런칭 후 퀴비의 실적**

엄청난 홍보와 마케팅을 동원했음에도 퀴비는 성적은 초라했다. 런칭 당일 퀴비 앱을 다운로드한 사람은 30만 명 수준으로 디즈니플러스 런칭 당일 다운로드 수 400만 명에 10분의 1도 안 되는 저조한 수였다. 물론 비슷한 시기에 런칭한 NBC유니버설의 HBO MAX보다 많지만 퀴비에겐 믿기 어려운 수치였다.

첫날 이후 퀴비는 3일째 83만 명, 7일째 총 170만 명이 앱을 다운받아 간신히 체면을 치를 정도가 되었다. 런칭 1개월 후 퀴비를 다운받은 사람은 290만 명 정도였고 일일 평균 액티브 유저는 130만 명 정도로 추정됐다. 한 달에 300만 명의 이용자를 확보하지 못한 퀴비의 직원들은 실망하는 모습이 역력했고 이는 설립자 카젠버그도 마찬가지였다.

코로나-19는 퀴비에게 큰 타격이었다. 버스를 기다리면서, 산책하면서, 스타벅스에서 커피를 한 잔 주문하고 나서 스마트폰을 통해 퀴비를 시청할 거라고 예상했는데 미국의 거리는 예전의 활기를 찾아볼 수 없었다. 그들은 곧바로 전략을 수정했다. 모바일 기기 전용으로만 서비스하려고 했던 것에서 미러링Mirroring 기술을 통해 모바일의 화면을 TV에서 볼 수 있게 했고 스마트TV 앱도 만들어 모바일용 스트리밍 서비스가 아닌 모두가 함께 보는 스트리밍 서비스로 바꾸었다. 퀴비의 흥행을 좌절케 했던 코로나-19를 원망하면서도 이러한 상황을 역이용해 자가격리 때 집에서 즐겨볼 수 있는 스트리밍 서비스로의 전환을 노린 퀴비의 '태세 전환'이다.

그럼에도 퀴비는 가입자 목표와 마케팅 비용 축소 등 새로운 경영 계획을 구상해야 했다. 런칭 1년간의 목표를 700만 가입자, 2억 5,000만 달러(약 3,000억 원)로 계획했지만, 대폭 줄여 200만 가입자를 새로운 목표로 설정했다. 4월에 런칭한 퀴비에게 7월은 긴장의 날들이었다. 서비스 가입 후 90일간 무료로 제공하기로 했으므로 첫 달에 서비스를 가입한 이용자가 얼마나 남을지, 즉 무료에서 유료로 전환되는 구독자 비율이 얼마나 되는지 초관심사였다. 유료 구독자로 남아 있는 그들이 퀴비의 희망이었기 때문이다.

4월 런칭 후 4일간 가입했던 약 91만 명의 가입자는 7만 2,000명(전환율 8%)만 남아 퀴비를 또 한 번 좌절케 했다. 퀴비의 전환율은 디즈니플러스의 초기 전환율 11%에 비해서도 낮은 수치다. 결국 퀴비는 6월, 직원 수와 근무 시간을 줄이고 고위 경영진의 자발적인 급여 삭감(10%) 등 자구책을 만들었다. 그러나 스트리밍되는 콘텐츠의 양이 가장 큰 문제였다. 디즈니플러스나 피콕, HBO MAX는 엄청난 콘텐츠 공장과 기존의 매력적인 라이브러리 콘텐츠를 보유하고 있지만 퀴비는 새로운 콘텐츠 위주의 서비스를 계획해 라이브러리 콘텐츠가 없고 엎친 데 덮친 격으로 코로나-19의 확산으로 TV와 영화 제작이 중단되면서 퀴비의 콘텐츠 수급 계획은 위기에 직면했다.

퀴비의 이용 요금(4.99달러 또는 7.99달러)은 디즈니플러스(6.99달러)와 비교하면 결코 싸다고 할 수 없다. 디즈니플러스는 보지 않아도 되는 광고(4.99달러 버전)를 봐야 하거나 디즈니플러스보다 비싼 요금을 지불해도 콘텐츠 수가 극히 적어 퀴비를 보려는 사람은 많지 않았다. 비슷한 숏 폼 스트리밍 서비스인 틱톡이 트럼프 대통령의 미움을 한껏 받을 정도로 급성장해 미국 내 활동자 수가 3,000만 명이나 되는 것도 퀴비에게는 또 다른 위험 요소다.

카젠버그의 말에 따르면, 시청자의 80%가 자신이 선택해 시청한 에피소드를 모두 시청해 퀴비의 콘텐츠 질에 만족하고 있다는 것이 그나마 위안이다. 하지만 그것만으로는 위기를 헤쳐나가기가 턱없이 부족하다. 험난한 스트리밍 전쟁에서 스트리밍 서비스 루키(신인)인 퀴비가 어떤 전략과 무기로 이 전쟁에서 살아남을지는 콘텐츠 제작 능력이 있는 우리로서도 관심 있게 지켜봐야 할 대목이다.*

---

* 2020년 10월 21일, 2020년 4월 오픈 이후 6개월간 71만 명의 가입자를 모집한 퀴비의 CEO 제프리 카젠버그는 코로나-19와 비즈니스 모델의 한계를 이유로 퀴비 서비스 운영 중단을 발표했다.

PART 3

거대한 기회의 시장, 한국 OTT의 미래

PART 1과 PART 2에서 스트리밍 서비스의 최대 격전지인 미국의 미디어 시장을 돌아봤다. 어떻게 보면 우리에게 익숙하고 친숙할지 모르지만, 한국 미디어 인더스트리Industry에 속한 사람들에게는 규모에 압도되고 그들이 보유하고 있는 콘텐츠 자산, 제작 능력, 의지가 그저 부러울 수 있다. 그럼에도 저들의 스트리밍 전쟁이 우리에게 시사하는 바는 무엇인지, 우리의 국내 상황은 어떤지, 앞으로 무엇을 해야 하는지 등을 함께 고민해보고자 한다.

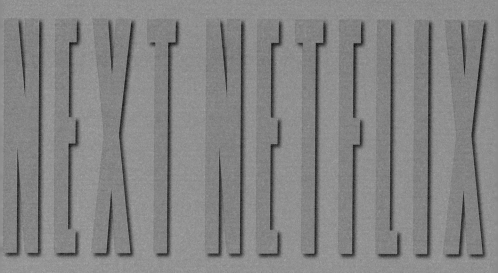

8장

OTT,
틈새에서 대세로

국내에서 OTT 사업자의 위치는 전기통신사업법상 '부가통신사업자'로 분류된다. 방송이 아닌, 통신 사업자가 부가적으로 운영하는 서비스라는 것이다. 하지만 이런 구시대적 규제 체계 용어로는 지금의 OTT 현상을 잘 설명할 수 없다. 불과 10년 전만 하더라도 아니 국내에서는 5년 전만 해도 TV의 대체제가 아니라 TV의 보완재, 즉 틈새시장을 노리던 OTT 서비스가 2020년에는 대세 중의 대세로 자리 잡아가고 있기 때문이다. TV(방송 프로그램)를 TV(수상기)를 통해서만 보는 시청자도, TV(방송 프로그램)를 보기 위해 TV(수상기) 앞에서 학수고대하는 시청자도 없기 때문이다.

미디어 블랙홀,
유튜브

미디어 시장에서 넷플릭스의 성장에 놀라 넷플릭스를 견제하기 시작한 건 불과 얼마 되지 않는다. 특히 국내에서는 3년 전까지만 해도 견제 대상은 유튜브가 독차지하고 있었다. UCC_{User Created Content}로 시작한 유튜브는 지금은 전 세계에서 가장 큰 동영상 공유 플랫폼으로 미디어 콘텐츠의 블랙홀 같은 존재가 되었다. 2005년 페이팔을 다녔던 동료 채드 헐리, 스티브 첸, 자베드 카림이 공동 창립해 서비스를 시작한 유튜브는 불과 2년도 되지 않아 구글에 인수되어 현재는 구글_{Google LLC}의 사업 부문 소속이다.

스트리밍 전쟁에서 유튜브를 다룰 수밖에 없는 이유는 아직까지 유튜브의 동영상 이용 점유율이 다른 OTT 플랫폼에 비해 절대적이고, 이제 유튜브는 모든 콘텐츠 마케팅의 포털 같은 역할을 할

뿐더러 나아가 채널 서비스 등 새로운 방송 플랫폼으로도 거듭나고 있기 때문이다. 게다가 밀레니얼 세대나 Z세대는 무언가 물어보고 싶을 때마다 네이버나 구글 같은 포털 사이트가 아니라 유튜브를 검색한다. 시간이 흐르고 세대가 바뀔수록 유튜브는 블랙홀처럼 모든 미디어를 빨아들이고 있다. 콘텐츠를 생산하는 사람과 이용하는 사람이 동일하게 되어버린, 어쩌면 유튜브 초기 설립 이념과도 같았던 UCC의 진정한 실현이 2020년대에서 이뤄진 것은 아닌가 싶기도 하다. 아니 어쩌면 초기 때와는 콘텐츠의 질과 양, 사회적 인식이 달라지면서 새로운 단계로 올라섰을지 모른다.

유튜브
얼마나 이용하나?

유튜브는 세계 최대 동영상 플랫폼이자 2위 검색 포털*로 1분마다 400시간이 넘는 새 동영상이 업로드되고 MAU는 19억 명 수준으로 세계에서 매일 10억 시간만큼 유튜브를 이용한다. 소셜 통계 사이트 소셜블레이드https://socialblade.com는 전 세계 유튜브 채널 수를 총 37억 9,000만 개(2020년 1월 20일 기준)라고 발표하기도 했다. 나스미디어**가 국내 인터넷 이용자를 대상으로 조사한 자료에 흥미로운 부분이 있다.

나스미디어는 2019년 12월부터 2020년 1월까지 3주간에 걸쳐 국내 인터넷 이용자를 대상으로 미디어 이용 행태를 조사했다. PC

를 통한 인터넷 이용 목적은 주로 자료·정보 검색(70.9%)이고 모바일(스마트폰, 태블릿PC 등)을 통한 인터넷 이용 목적은 엔터테인먼트(73.5%), 자료·정보 검색(72.5%)이라는 결과가 나왔다. 조사 결과 중 온라인에서 동영상을 시청할 때는 유튜브를 가장 많이 이용한다(93.7%)고 했으며 뒤를 이어 네이버(43.1%), 넷플릭스(28.6%)를 이용하는 것으로 나타났다. 넷플릭스는 2018년(11.9%) 대비 2배 이상 높은 수치여서 국내에서도 넷플릭스 이용자가 얼마나 증가했는지 알 수 있는 대목이다.

넷플릭스의 성장에도 불구하고 유튜브의 이용률은 여전히 독보적으로 높다. 특히 10대에서는 유튜브를 통한 동영상 시청 이용이 99.2%로 100명 중 99명이 유튜브 동영상을 시청하는 것으로 나타났다. 이어 페이스북(53.9%), 인스타그램(40.2%)을 많이 이용하는 것으로 나타난 반면 네이버(28.5%)는 적게 나와 다른 연령층과 차이가 컸다. 최근 몇 년 사이에 유튜브가 젊은 사람만 이용하는 것이 아니라는 말을 한다. 이는 이번 조사 결과에서도 잘 나타났다. 50·60대의 동영상 이용률이 86%인데 그중 90% 이상은 유튜브를 이용하는 것으로 나타났다. 이제 유튜브는 남녀노소가 이용하는 동영상 플랫폼이 된 것이다.

그렇다면 이들은 온라인에서 무엇을 볼까? 온라인 동영상 서비스 이용자 94%는 TV 방송 클립 영상을 시청하고 이런 TV 방송 클립을 시청하는 이용자의 87.8%는 유튜브를 이용한다는 결과가 나왔다. 인터넷으로 동영상 서비스를 이용하는 사람 100명 중

94명은 각 방송사가 제공하는 클립 영상을 보고, 82명은 그 방송 서비스 클립을 주로 유튜브를 통해서 시청한다는 얘기다.

이러한 시청자의 이용 행태는 방송사가 유튜브를 바라보는 시각과 태도를 바꾸는 요인이 된 것이다.* 그렇다면 이들은 유튜브에서 TV 클립만 볼까? 그렇지 않다. 온라인 동영상 이용자의 83.3%는 크리에이터, 인플루언서가 만든, 즉 방송국이 아닌 창작자 개인 또는 미디어 기업이 만든 콘텐츠를 시청하는 것으로 나타나 방송 영상만큼이나 시청 경험이 높다는 것을 알 수 있다. 이러한 높은 이용 경험이 유튜버가 초등학생들의 장래 희망 직업(2018년 5위, 2019년 3위)이 되고 수많은 연예인과 사회 저명인사들이 유튜버로 활동하려고 하는 사회적 현상이 된 것이 아닌가 싶다.

이런 사회적 붐 현상은 긍정적인 측면만 있는 것은 아니다. 유튜브도 다양한 정보 제공, 글로벌 커뮤니케이션 등 긍정적인 측면 못지않게 부정적인 부분이 있다. 아동 유튜버의 학대**, 저작권 침해***, 어뷰징 업체****의 등장 등의 문제가 발생하자 유튜브는 2020년 새로운 정책을 제시했다. 이러한 정책의 변화는 콘텐츠를

---

* 호랑이 등에 올라타는 전략이다.

** 어린아이의 의사에 반해 유튜브를 촬영하는 등 아동 학대 문제가 지속적으로 지적되고 있다. 유튜브는 2019년 9월, 미국 연방거래위원회(FTC)로부터 '아동 온라인 사생활 보호법(COPPA)'을 위반한 혐의로 1억 7,000만 달러(약 2,040억 원)의 벌금을 선고받았다.

*** 유튜브는 자체 콘텐츠검증시스템(CID)을 통해 저작권 침해 모니터링을 하지만, 유튜버에게 정확한 가이드라인을 제시하지 못해 일부 유튜버의 콘텐츠가 일시에 삭제되거나 비공개되는 사례가 발생하고 있다.

**** 유튜브에서 광고비를 받을 수 있도록 '시청 시간'과 '조회 수'를 인위적으로 높여주는 전문적인 어뷰징(Abusing) 업체.

유튜브의 변화된 정책

(1) 새로운 키즈 크리에이터 정책

① 아동용 콘텐츠(Kid friendly)에 성인 관련 콘텐츠 등록 불가

• 아동용 콘텐츠에는 개인 맞춤형 광고에 의해 실행되는 알고리즘 기반 추천 광고가 작동되지 않음(아동용 콘텐츠는 13세 이하의 어린이에게 적합한 콘텐츠)

② 키즈 크리에이터 보호를 위해 콘텐츠 댓글 작성 제한

• 구독자와 소통을 위해 커뮤니티 탭 댓글 작성은 허용

③ 슈퍼챗(Super chat) 금지

• 키즈 크리에이터에겐 현금을 지급할 수 있는 '슈퍼챗' 금지, 실시간 채팅도 제한

(2) 콘텐츠 어뷰징 방지

• '가짜 참여 정책'을 통해 창작자들이 서브 포털이나 무료 증정 등의 전술을 이용해 계정 가입자를 활성화하는 것을 금지

• 독자나 조회 수를 늘리기 위한 어뷰징 업체의 활동 금지

(3) 유료 광고 포함 명시

• 콘텐츠에 노출되는 유튜브 광고를 제외하고 모든 유료 광고나 제품 후원은 반드시 고지

• PPL이 콘텐츠 영상에 포함되어 있으면 '유료 광고 포함'을 체크하거나 협찬 여부를 반드시 표기

(4) 공개적인 동영상 상영 및 음악 스트리밍 금지

• 저작권을 소유하지 않은 영상이나 음원을 자신의 채널에서 스트리밍을 통해 불특정 다수에게 제공 금지

• 타인 또는 타사의 음원은 스트리밍뿐 아니라 업로드 영상에서도 삭제해야 하며 수익 설정도 할 수 없고, 저작권 3회 위반 시 계정 해지

생산하는 크리에이터에게 큰 영향을 미치게 되며 이를 통해 바뀌는 부분 역시 이용자에게 영향을 미치게 된다. 유튜브의 최신 정책을 통해 유튜브가 안고 있는 문제점, 유튜브의 전략, 서비스 마인드를 알 수 있어 변화된 정책 몇 가지를 소개해놓았다.

끊임없는
생산의 힘

    처음 유튜브 서비스가 시작될 때만 해도 유튜브는 그저 개인이 가볍게 올리는 영상 사이트였다. 유튜브 설립자 스티브 첸이 국내 강연에서 유튜브 창립의 계기를 이렇게 말했다. "직장 동료였던 채드 헐리와 집에서 파티를 하고 난 후 촬영한 동영상을 동료들과 공유하려고 했는데 사진과 달리 동영상 공유가 매우 어려웠다. 그래서 채드와 동영상 공유 서비스를 만들자고 의기투합했고 그 후 전용 프로그램이 아닌 웹 브라우저를 통해 동영상을 올리고 바로 감상할 수 있는 서비스, 유튜브를 개발했다." 단순히 친구들과 공유하는 영상, 그것이 유튜브의 시작이었다. 하지만 가볍게 시작한 유튜브 서비스는 전 세계 최대 IT 기업 구글을 만나 세계 최대 동영상 플랫폼으로 성장했다.

현재 국내 유튜브 채널 1위는 4,400만 구독자와 109억 뷰_{View}수의 기록을 보유하고 있는 〈블랙핑크_{BLACKPINK}〉로 YG엔터테인먼트의 소속 그룹인 블랙핑크의 공식 음악 채널이다. 2위는 〈빅히트레이블스_{Big Hit Labels}〉(3,990만 구독자, 105억 뷰), 3위는 〈방탄 TV_{BANGTAN TV}〉(3,420만 구독자, 47억 뷰)로 모두 BTS와 관련 있는 채널이다.

이후 50위까지도 키즈·어린이 채널(4위 〈보람튜브 브이로그〉, 14위 〈보람튜브 토이리뷰〉, 21위 〈핑크퐁〉 등)과 음식·요리·레시피 채널(18위 〈제인 ASMR〉, 42위 〈Travel Thirsty〉, 49위 〈홍유〉 등) 등 일부 채널을 제외하면 대부분 음악 채널이 차지하고 있다.

그렇다면 50위 안에 국내 방송사가 운영하는 채널은 얼마나 될까? 음악 채널 엠넷과 KBS, MBC가 운영하는 채널 각 2개, JTBC가 운영하는 오락 채널 1개, 총 7개 채널이 톱 50에 올라와 있다.* 좀 더 자세한 사항은 다음의 표를 참고하기 바란다. 각 방송사는 여러 개의 유튜브 채널을 운영하는데 그중에서 음악 콘텐츠 채널과 예능 프로그램 클립 서비스가 가장 인기 있는 것으로 나타났다. 이외에 드라마·뉴스·시사 교양 채널을 운영하고 〈스튜디오 룰루랄라〉(JTBC), 〈D 스토리〉(tvN) 같은 디지털 전용 채널도 운영한다. 디지털 전용 채널에서 인기 있는 콘텐츠는 '독립 채널'로 분리하는데 〈와썹맨〉과 〈워크맨〉 콘텐츠가 대표적인 사례다.

---

* 물론 100위 안에는 SBS 엔터테인먼트(60위), SBS 드라마(62위), KBS 엔터테인먼트(72위), MBC 드라마(73위), tvN 드라마(78위), SBS NOW(90위), JTBC 드라마(91위), EBS 키즈(97위) 등이 올라와 있다.

유튜브 채널 순위

전체 순위	유튜브 채널	구독자 수	뷰 수	동영상 수	운영회사
11위	〈M.net K-POP〉	1,480만	95억 9,000만	2만 988	CJ ENM
13위	〈KBS World〉(영어 자막)	1,380만	98억 6,000만	4만 5,535	KBS
22위	〈MBC K-POP〉	828만	60억 8,000만	3만 8,301	MBC
27위	〈MBC 엔터테인먼트〉	746만	109억 4,000만	7만 8,003	MBC
37위	〈M2〉(엠넷 K-POP)	608만	39억 1,000만	1만 1,718	CJ ENM
39위	〈JTBC 엔터테인먼트〉	573만	70억 9,000만	5만 7,828	JTBC
48위	〈KBS K-POP〉	504만	31억 5,000만	2만 3,268	KBS

* 전체 카테고리 대상, 2020년 8월 기준

(1) 유튜브 콘텐츠 생산에서 샌드박스네트워크, 다이아TV, 트레 져헌터 같은 MCNMulti Channel Network 기업도 빼놓을 수 없다. MCN 은 1인 창작자의 동영상 제작과 유통을 도와 수익을 극대화시켜주 면서 일정 수익을 나누어 갖는 기업을 말한다. MCN 업체의 지원 으로 다양한 인플루언서가 유튜브로 진출, 유튜브의 콘텐츠 양을 풍부하게 해주고 있다. 팬덤을 확보한 인플루언서의 유튜브 진출 로 보다 많은 사람이 유튜브에 머무르며 유튜버와 유튜브의 수익 을 높여주고 있다는 얘기다. 최근 많은 연예인이 유튜브로 진출하 는 데는 이러한 MCN 업체의 지원이 있었기 때문이다.

(2) 유튜브의 콘텐츠 생산이 증가하는 또 다른 이유는 오리지 널 콘텐츠의 증가다. 그동안은 주요 방송사의 드라마나 새로 개봉 하는 영화를 소개하는 영상이 주를 이뤘다면 이제는 넷플릭스, HBO MAX 같은 OTT 플랫폼이 제작하는 오리지널 콘텐츠가 많

국내 MCN 기업

다이아TV

2013년 CJ ENM이 설립한 MCN 사업 부문으로 콘텐츠 제작 스튜디오 Studio DIA와 PP 채널 〈CH.DAI〉를 운영하고 있다. 2020년 1월 현재 1,400여 명의 크리에이터가 소속되어 있다.

샌드박스

2014년 게임 〈마인크래프트〉 유튜버 도티(DDotty) 나희선이 친구 이필성(현재 CEO)과 함께 설립한 회사다. 도티 외에 장삐쭈, 먹방 크리에이터 떵개떵, 뮤직 크리에이터 라온, 영화 리뷰 백수골방 등이 소속해 있다. 2019년 608억 원의 매출과 78억 원의 당기순이익을 냈다.

트레져헌터

2015년 CJ ENM 출신의 송재룡이 설립한 회사다. 국내 최초 크리에이터 전용 스튜디오를 개설하며 90여 크리에이터와 사업을 진행하고 있다. 크리에이터가 직접 기획하고 제작한 상품을 판매할 수 있는 온라인 커머스 '크리마켓'을 런칭해 운영하고 있다.

이 생겨 이 영상을 소개해주는 콘텐츠가 없으면 어떤 시리즈가 시작되는지 알 수 없거나 놓치기 쉽다. 이렇게 콘텐츠를 소개하는 유튜브 영상은 결국 유튜브 자체를 더욱 풍성하게 해주는 상호 보완적인 역할을 하게 된다. 유튜브는 이제 새로운 콘텐츠 마케팅 플랫폼이 되었고 어떤 OTT 사업자나 방송사도 유튜브를 활용하지 않으면 안 될 정도가 되었다.

(3) 유튜브 콘텐츠 생산력을 가중시켜주는 또 다른 요인은 뉴스 생산의 확대다. 가짜 뉴스 논란에도 불구하고 유튜브를 통해

정치·시사·경제·문화 등 각종 정보를 얻는 사람들이 늘어나고 있다. 사용 연령이 50·60대 이상으로 급속도로 확대되고 있다. 게다가 2020년 발생한 코로나-19로 외부 활동이 줄고 가정에 있는 비중이 높아지면서 고연령층의 유튜브와 OTT 서비스 이용 확대는 더욱 가속화되었다. 소비 계층의 변화로 생산 계층도 확대된 것으로, 시청자가 늘었기 때문에 콘텐츠를 생산하는 사람도 생산량도 증가하게 된 것이다.

끊임없는
소비의 힘

앱·리테일 분석 서비스인 와이즈앱이 2019년 8월, 우리나라 안드로이드 스마트폰 사용 현황을 발표했다. 스마트폰으로 가장 많이 사용한 앱으로 유튜브가 선정됐는데 1개월간 사용한 총 사용 시간이 460억 분으로 카카오톡 220억 분, 네이버 170억 분, 페이스북 45억 분을 합친 양보다 훨씬 많았다.

이 조사에 따르면 유튜브는 2018년 333억 분보다 38%가 증가해 카카오톡 11%, 네이버 25%, 페이스북 13%에 비해 증가 폭이 큰 것을 알 수 있다. MAU도 3,093만 명에서 3,308만 명으로 7% 증가해 국민 앱이라고 불리는 카카오톡(3,656만 명)을 턱밑까지 쫓아왔다. 특히 유튜브는 10대부터 50대 이상의 전 연령에 걸쳐 모든 세대가 가장 오래 사용하는 앱으로 나타났다. 그렇다면 이렇게

연령별 월평균 유튜브 이용 시간

출처: 와이즈앱

유튜브를 많이 소비하는 이유는 무엇일까?

(1) 큐레이션*의 힘이다. 유튜브를 보고 있노라면 영상 길이와 상관없이 끊임없이 추천되는 동영상을 피해가기 어렵다. 구글은 유튜브 인공지능을 통해 구독자의 선택과 취향을 기억하고 있다가 구독자의 취향에 맞는 영상을 계속 추천한다. 이런 서비스를 경험하면 이용자의 시청 시간은 기하급수적으로 늘어날 수밖에 없다.

(2) 제작 서비스 마인드다. 콘텐츠를 제작하고 제공하는 유튜버가 콘텐츠를 제작할 때 공급Provider용 콘텐츠를 제작하는 것이 아니라 이용자의 눈높이에서, 이용자와 같은 수준(레벨)에서 콘텐츠를 서비스한다는 목표로 만들기 때문이다. 이로 인해 제작자는 시

＊ 다른 사람이 만들어놓은 콘텐츠를 목적(기호)에 따라 분류하고 제공하는 것을 말한다. 콘텐츠 수가 일일이 확인할 수 없을 정도로 많아짐에 따라 이용자의 수요를 충족시키기 위해 데이터 분석 알고리즘을 통해 콘텐츠를 분류하고 서비스를 제공하게 된다.

OTT 이용률

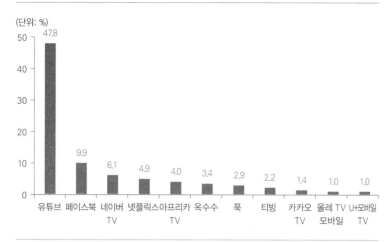

(단위: %)

유튜브 47.8
페이스북 9.9
네이버 TV 6.1
넷플릭스 4.9
아프리카 TV 4.0
옥수수 3.4
푹 2.9
티빙 2.2
카카오 TV 1.4
올레 TV 모바일 1.0
U+모바일 TV 1.0

* 전체 응답자는 중복 응답, N=6,375명

청자와 끊임없이 소통하고 소통의 결과를 콘텐츠 제작에 반영한다. 기존 방송사의 위엄 있는 콘텐츠에 비해 질은 떨어질지 모르지만, 왠지 친숙하고 부담 없는 콘텐츠에 이용자는 쉽게 접근하고 시청하게 되는 것이다.

(3) 검색과 콘텐츠의 결합이다. 한때 누군가와 이야기를 하다가 모르는 게 나오면 포털 사이트 녹색창을 이용했다. 그런데 어느 순간부터 녹색창을 이용한 검색은 내가 원하는 정보보다 광고가 먼저 나오고, 정보보다 광고가 더 많이 나오면서 찾고 싶은 걸 즉각 찾기가 어려워졌다. 물론 맛집을 찾을 때는 여전히 더할 나위 없이 좋지만 말이다.

최근 10대들은 인터넷 포털 검색창이 아닌 유튜브를 통해 원하는 정보를 얻는다. 기성세대가 녹색창을 이용하다가 네이버에 친숙해진 것처럼 10대들은 유튜브를 통해 원하는 정보를 얻는다. 그것도 동영상으로 말이다. 검색과 콘텐츠의 결합은 이용자가 유튜브 세계에 계속 머무르게 해주면서 이용 횟수, 시간을 매년 갱신하며 증가시키고 있다.

〈와썹맨〉, 〈워크맨〉, 〈자이언트 펭TV〉

2019년 12월, 유튜브가 전 세계에서 2019년에 탄생한 새로운 유튜브 채널 톱 10을 소개했는데 3위에 〈백종원의 요리비책 Paik's Cuisine〉(2019년 6월 10일* 시작, 구독자 290만 명), 2위에 〈워크맨 Workman〉(2019년 8월 16일 시작, 구독자 320만 명)이 올랐다. 1위는 브라질의 〈라우드LOUD〉(2019년 2월 28일 시작, 구독자 340만 명)라는 게임 채널이다. 2020년 8월 현재 908만 명의 구독자와 총 13.6억 뷰를 기록하며 브라질에서 가장 유명한 e스포츠 채널로 성장했다.

2019년 신생 채널 1위를 한 〈라우드〉가 구독자 340만 명에서 908만 명으로 가파른 성장을 한 것에 비해 국내 유튜브 채널은 완

---

* 유튜브에 영상 업로드(First upload) 일자를 기준으로 발표했는데 〈백종원의 요리비책〉은 2018년 3월에 채널을 개설한 것으로 알려져 있고 현재 채널 소개에도 3월(Mar 5, 2018)로 표기되어 있다.

2019년 NEW CREATORS BREAK OUT

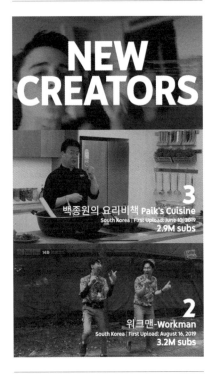

출처: 유튜브

만한 구독자 증가와 지속적인 콘텐츠 생산으로 동영상 시청자 수를 증가시켜왔다. 〈백종원의 요리비책〉은 2019년 말에 비해 50% 가까운 구독자를 증가시킨 반면, 〈워크맨〉은 구독자는 20% 정도 증가했지만 매주 1개의 콘텐츠를 생산하며 〈백종원의 요리비책〉 채널보다 50% 많은 4.5억 뷰를 기록하고 있다. 〈워크맨〉은 한때 400만 구독자 직전까지 갔으나 몇 차례 논란이 생기며 구독자 수가 빠져 2020년 10월 15일 현재 379만으로 정체되었다.

2019년 또 하나의 국내 인기 채널로 펭수 열풍을 몰고 왔던 EBS의 〈자이언트 펭TV〉도 있다. 2019년 3월 채널을 개설해 연말에 200만을 돌파한 〈자이언트 펭TV〉도 구독자는 204만(2020년 10월 현재)으로 정체되었으나 여전히 꾸준한 콘텐츠 생산으로 2억 8,200만 뷰를 기록하고 있다.

많고 많은 유튜버와 유튜브 채널 중에 〈와썹맨Wassup Man〉, 〈워크

대표 유튜브 채널

〈백종원의 요리비책〉

현재 430만 구독자와 총 3억 뷰(동영상 228개)를 기록하고 있다. 가장 인기 있는 콘텐츠는 860만 뷰의 '초간단 김치찌개'를 만드는 영상이다.

〈워크맨〉

현재는 381만 구독자와 4억 5,800만 뷰를 기록하고 있다. 가장 인기 있는 콘텐츠는 '에버랜드 알바 1편'으로 총 1,788만 뷰의 기록을 달성했고 10개의 동영상이 1,000만 뷰를 넘었다.

〈자이언트 펭TV〉

EBS가 낳은 최대의 히트작이라고 불린다. EBS의 연습생으로 활동하는 자이언트 펭귄(키 210㎝), 펭수의 방송국 일상을 소재로 제작되는 유튜브 콘텐츠다. 유튜브의 인기를 바탕으로 EBS뿐 아니라 다른 방송사 프로그램과 각종 행사에서 섭외되며 큰 인기를 얻고 있다. EBS는 '펭수'를 모델로 하는 이모티콘 출시, 방송 광고, 문제집 표지 모델, 음반 출시 등 다양한 분야에 활용하고 있다.

맨〉, 〈자이언트 펭TV〉가 이번 절의 제목이 된 이유는 그동안 방송 프로그램을 전문으로 제작하는 방송국은 방송(지상파방송이나 케이블TV 같은)의 영역에서, 전문 유튜버나 제작사는 유튜브 영역에서 각자의 영역을 지키며 시청자와 이용자의 선택을 받으면서 운영해 왔는데, 2018년 〈와썹맨〉을 시작으로 유튜브와 방송의 제작 경계가 급격히 무너졌기 때문이다.

수많은 유튜버 중에 유명 유튜버가 생겼고 그들의 인기가 방송에 출연하는 연예인 이상으로 올라가자 사람들의 관심은 유튜버와 그들이 운영하는 채널, 소득에 더욱 쏠리게 되었다. 도티와 대

도서관, 캐리, 양띵, 윰댕 등 수많은 스타급 유튜버가 탄생했고 방송은 이들을 소개하고 프로그램 출연자로 섭외하는 등 유튜버의 방송 진출 러시가 시작되었다. 그뿐만이 아니다. 반대 현상도 급증했다. 많은 방송인·연예인이 유튜버에 관심을 보이고 유튜버 따라하기 열풍이 시작되더니 급기야는 방송인의 '유튜브 채널 만들기'가 방송 프로그램이 되기도 했다.

JTBC의 〈랜선라이프: 크리에이터가 사는 법〉은 약 10개월(2018년 7월 6일~2019년 5월 14일) 동안 방송되면서 유튜버(대도서관, 윰댕, 밴쯔, 씬님, 고퇴경 등)가 방송 MC와 주요 출연자가 되고 유튜브를 전혀 몰랐던 연예인 이영자가 유튜브 영상을 직접 제작하고 올리는 과정을 소개하는 포맷으로 제작되었다. 콘텐츠를 전문 제작하던 방송국이 유튜브를 소개하는 소재 활용의 차원을 넘어 적극적인 제작에 참여하면서 연예인의 '유튜버 되기'와 개인 채널 운영은 열풍이 일고 있다.

2018년 3월 31일 채널을 개설한 〈와썹맨〉은 "YO! 와썹맨은 왔어! 오늘은 어디?"를 외치며 핫플레이스를 찾아다니는 웹 예능으로 그룹 GOD 멤버 박준형을 내세워 시즌 1에서 큰 성공을 거뒀다. JTBC 프로그램 〈사서고생〉(2017)의 스핀오프 격으로 만든 단편 영상을 JTBC의 디지털 스튜디오인 '룰루랄라'의 유튜브 채널에서 서비스했는데 시청 반응이 좋아 별도의 채널 〈와썹맨〉으로 독립·개설했다. 〈와썹맨〉은 시즌 1의 성공 이후 잠시 휴식기(2019년 12월~2020년 6월)에 들어갔다가 2020년 6월 시즌 2를 시작했지만,

코로나-19로 촬영을 원활하게 하지 못하고 있다. 오랜 휴식기로 인해 구독자 수 하락, 시청 하락이라는 위기를 맞고 있다.

2019년 에피소드당 평균 300~400만 뷰를 기록했던 〈와썹맨〉은 '3대 기획사 리얼 방문기' 에피소드에서 최고 930만 뷰를 찍었지만, 시즌 2의 영상은 30~100만 뷰로 급락했다. 시즌 1의 성공으로 넷플릭스 오리지널 콘텐츠 〈와썹맨GO〉*까지 런칭한 제작진 입장에서는 현 상황이 믿기지 않을 수 있지만 〈와썹맨〉은 한국형 숏폼 콘텐츠 문법을 만들어내며 이후 수많은 유튜브 콘텐츠 제작에 영향을 끼친 콘텐츠다.

〈워크맨〉은 〈와썹맨〉의 성공에 힘입어 스튜디오룰루랄라가 기획·제작한 두 번째 웹 예능 프로그램이다. 아나운서 장성규를 출연시켜 다양한 직업과 아르바이트를 체험하게 하는 형식인데 장성규 특유의 솔직함과 정도(선)를 넘나드는 캐릭터, 스튜디오룰루랄라 특유의 자막 제작 능력이 극대화된 콘텐츠다. 〈워크맨〉은 〈와썹맨〉보다 더 많은 구독자와 더 많은 시청 수를 기록하며 숏 폼 콘텐츠 제작에서 스튜디오룰루랄라의 입지를 단단하게 해주었다.

이후 스튜디오룰루랄라는 CM을 제작하는 〈주가 빛나는 밤에〉, 추억 속의 아이템을 소재로 하는 〈라떼월드〉, 게임 방송 〈게임은지원〉 등 다양한 시도를 하면서 그동안 많은 방송사가 기존 방송 콘텐츠를 분량만 축소해 유튜브에서 재활용해왔던 것과 달리 전문적

---

* 넷플릭스 오리지널 콘텐츠로 제작된 〈와썹맨GO〉는 박준형이 할리우드 영화 오디션 배역을 얻기 위해 고군분투하는 과정을 11~20분 분량의 10개 에피소드로 구성해 2020년 3월 27일 런칭했다.

인 숏 폼 콘텐츠를 제작하며 다른 방송사들에 새로운 자극을 주었다. 이로 인해 지상파방송 MBC는 사내에 숏 폼 콘텐츠를 전문적으로 제작하는 조직을 만들면서 2020년 3월 〈힙합걸Z〉를 런칭했는데 에피소드 3회 만에 106만 뷰를 달성하며 성공의 가능성을 보여주었다. 〈워크맨〉 제작진을 영입한 A&E의 달라스튜디오DALLA가 2020년 8월 런칭한 〈네고왕Nego King〉은 에피소드 1편부터 450만 뷰를 넘기며 숏 폼 콘텐츠 제작 시장에 활기를 불어넣고 있다.

국내 유튜브 채널은 개설 1년 안에 성공 여부가 결정되고 성공 후에도 구독자가 외국의 채널과 달리 급성장하지 못하고 있다. 이는 미국이나 유럽과 달리 언어라는 장벽이 가장 큰 이유라 할 수 있다. 영어 자막 서비스를 하는 유튜브 채널 〈KBS 월드〉가 1,380만 구독자와 98억 뷰라는 기록을 보유하고 있는 것과 언어의 장벽이 큰 문제가 되지 않는 음악 채널이 국내에서 개설한 유튜브 채널 중 상위권을 대부분 차지하고 있다는 것이 이에 대한 반증이 아닐까 싶다.

인터넷 공간이 지역·국가 같은 물리적 공간에 제약을 받지는 않지만, '소통'과 '공감'을 바탕으로 커뮤니티를 형성하기 때문에 언어와 문화 동질성은 채널 확장에 매우 중요한 요소로 작용하므로 채널의 확장을 고민한다면 언어의 장벽을 어떻게 해결할지 깊이 고민해야 할 것이다.

전략 수정하는
지상파방송

　1990년대 끝자락에서 시작해 시청자에게 많은 웃음을 주며 국민 시트콤으로 불렸던 〈순풍산부인과〉는 총 682회를 마지막으로 2000년 12월 1일 종방했다. 그로부터 20년이 흐른 지금, 20살 청년이 채 되지 않은 청소년(〈순풍산부인과〉 종방 이후 태어난 세대) 중 상당수가 〈순풍산부인과〉의 아역 배우인 미달이와 정배를 알고 있다는 것은 흥미로운 사실이다.

　6장의 미국의 라이브러리 콘텐츠 전쟁을 쓰면서 내내 남았던 아쉬움 중 하나가 지금 한국에는 저들과 같은 시트콤을 방송에서 찾아보기 어렵다는 것이다. 국내 시트콤 신규 제작은 스타급 배우들의 출연료와 높아진 제작비, 일주일에 다섯 편의 에피소드를 만들어야 하는 불가능에 가까운 제작 여건의 어려움, 제작 난이도에 비해 시장성(시청률과 광고)이 크지 않다는 이유가 맞물려 자취를 감추었다. 그렇다 해도 과거 저녁 시간 TV를 책임졌던 시트콤의 활용도가 떨어지는 것은 아쉬움을 넘어 이해하긴 힘든 부분이었다.

시트콤은 30분 내외의 짧은 에피소드로 제작되므로 요즘 같은 유튜브 시대에 딱 어울리는 콘텐츠인데 말이다. 20년 전 시트콤이 30대 이상에서는 한 번 이상, 아니면 매일매일 마니아급으로 시청했던 재활용 콘텐츠이겠지만 10대와 20대에게는 20년이 지나 아이폰으로 찍은 화질보다도 못한 저화질의 콘텐츠일지라도 한 번도 본 적 없는 새롭고 재미있는 콘텐츠라는 사실을 주지할 필요가 있다. 그래서 요즘 세대가 20년 전 아역 배우들을 기억하는 것이다.

〈순풍산부인과〉의 인기는 이 사실을 잘 파악한 SBS의 콘텐츠 활용 전략과 디지털 전략이 맞아떨어진 것이다. 가장 인기 있는 에피소드는 460만 뷰를 넘어서면서 SBS의 최신 콘텐츠보다 높은 활용도를 보여주고 있다. SBS와 달리 과거 시트콤 라이브러리의 재활용이 유튜브의 이용만 활성화하고 현재 방송 프로그램 시청을 가로막는 요인이라고 생각한 방송국은 유튜브에 대해 소극적인 전략을 취한 것으로 보인다.

일례로 MBC는 SBS의 〈순풍산부인과〉보다 먼저 방송해 큰 인기를 얻었던 시트콤 〈남자 셋 여자 셋〉(1996~1999)을 5분 내외의 분량으로 쪼갠 후 '옛날 드라마[드라맛집]'이라는 분류에 포함하면서 과거 콘텐츠임을 강조하고 유튜브에서 스트리밍 서비스를 하고 있다. 그러나 〈순풍산부인과〉의 인기와 달리 대부분 에피소드가 2만

주요 방송사의 유튜브 운영 채널

주요 방송사	유튜브 운영 채널과 구독자 수
KBS	〈한국방송〉(118만, 공식 채널), 〈NEWS〉(90만, 뉴스), 〈Entertain: 깔깔티비〉(390만, 예능), 〈DRAMA〉(299만, 드라마), 〈DRAMA Classic〉(118만, 명작 드라마), 〈Kpop〉(507만, 음악), 〈크크티비〉(32만, 코미디TV), 〈Classic〉(3만 8,000, 클래식 음악), 〈골든케이팝〉(11만, 〈가요무대〉, 〈열린음악회〉 등)
MBC	〈NEWS〉(85만, 뉴스), 〈엠빅뉴스〉(55만, 뉴스), 〈entertainment〉(750만, 예능), 〈DRAMA〉(388만, 드라마), 〈옛드TV〉(242만, 옛날 드라마), 〈옛능TV〉(58만, 옛날 예능), 〈오분순삭〉(78만, 시트콤·〈무한도전〉·〈우리 결혼했어요〉), 〈별다리외사친〉(18만), 〈14F(일사에프)〉(69만, 정보)
SBS	〈Now〉(351만, SBS 공식 채널), 〈NEWS〉(96만, 뉴스), 〈Entertainment〉(436만, 예능), 〈Catch〉(123만, 드라마), 〈스토리〉(97만, 교양), 〈라디오 에라오〉(72만, 라디오), 〈모비딕(Mobidic)〉(51만)
JTBC	〈JTBC News〉(139만, 뉴스), 〈Entertainment〉(578만, 예능), 〈Drama〉(347만, 드라마), 〈culture〉(18만, 시사·교양), 〈봐야지(Voyage)〉(165만, 방송 핫 클립), 〈스튜디오 룰루랄라〉(72만), 〈오오구(5:59)〉(라이프스타일)
tvN	〈CJ ENM〉(115만, CJ 공식 채널), 〈tvN〉(265만, 공식 채널), 〈DRAMA〉(395만, 드라마), 〈D CLASSIC〉(98만, 구작 콘텐츠), 〈D ENT〉(203만, 구작 예능), 〈D 스토리〉(182만, 디지털 드라마 스튜디오), 〈D VAVA〉(8만, 교양·예능)

명 미만의 조회 수를 기록하며 여전히 '잘 모르는 옛날 드라마'로 감춰져 있다.

퀴비는 이러한 시트콤을 새롭게 탄생시키기 위해 기존 제작사와 제작 협력을 통해 콘텐츠를 확보하고 있고 넷플릭스는 수천억 원을 지불하며 콘텐츠 확보에 공을 들이고 있다는 사실을 되새겨 볼 필요가 있다. 지금이라도 제대로 된 원 소스 멀티 유징OSMU: One Source-multi Using 전략이 필요해 보인다.

최근 각 방송사의 유튜브 전략이 전면적으로 바뀌었다. 라이브러리 콘텐츠를 적극 활용해 광고 수익을 창출하고, 유튜브를 신규 프로그램의 홍보 창구로 활용해 유튜브 시청자를 방송 시청자로 끌어들이고 있다. 유튜브용 오리지널 콘텐츠를 제작해 충성도 높은 채널 구독자를 확보하고 채널 이미지와 수익을 동시에 올리겠다는 적극적인 개념으로 바뀌고 있다. 물론 오리지널 콘텐츠 제작은 수백만 뷰 이상의 대박 콘텐츠가 아닌 이상 벌어들이는 광고 수익보다 제작비가 더 많이 들어가기 때문에 일종의 투자라고 할 수 있다. 앞의 표에 주요 방송사의 유튜브 운영 채널(2020년 8월 기준)을 정리해놓았다. 최근 유튜브 활용 전략 변화로 인해 채널 수가 많아졌다. 구독자 수와 채널 이름을 비교해보면 각 방송사의 성과와 전략을 엿볼 수 있을 것이다.

웨이브와 티빙의 한판승부,
그리고 넷플릭스

2020년 현재 국내에 서비스되고 있는 OTT 사업자 중 글로벌 OTT 기업인 넷플릭스를 제외하고 웨이브, 티빙, 왓챠와 이동통신 사업자가 운영하는 시즌Seezen(KT)과 LGU+ 모바일 등이 대표 서비스라 할 수 있다.

그중 웨이브와 티빙의 경쟁은 앞으로 국내 OTT 산업의 흥망성쇠를 판가름할 중요한 요소이자 변수가 될 것이라는 게 많은 전문가의 생각이다.

웨이브는 2019년 9월 18일 지상파 3사 연합 OTT 플랫폼이었던 '푹'과 SK텔레콤이 운영해오던 '옥수수'가 결합해 새롭게 만든 OTT 사업자다.

티빙은 CJ 케이블TV(CJ헬로비전)가 만들어 CJ ENM으로 운영

주체를 변경해 사업을 진행하다가* 2019년에 종합편성채널 JTBC 와 새로운 법인 설립을 위해 MOU를 체결한 OTT 사업자다.** 웨 이브는 국내 1위 통신 사업자인 SKT(SK텔레콤)의 가입자 기반과 SKT의 전폭적인 마케팅 지원(고가의 통신요금 가입자에게 일정 기간 웨이브를 무료로 제공)에 따라 두 회사가 합친 2019년에는 가입자와 이용자 수가 급증했다. 고가의 통신요금인 5GX프라임 이상을 가 입하면 웨이브의 유료 상품을 무료 제공하거나 최초 2개월간 월 100원만 내고 이용할 수 있는 통신요금을 선보이는 등 웨이브는 지 상파방송 3사(KBS, MBC, SBS)의 실시간 채널 독점 서비스와 SKT 의 지원 사격의 효과를 톡톡히 보고 있었다. 그러나 오래가지 못했 다. 2020년 2월, 그동안 웨이브에서 서비스를 제공하던 JTBC의 실 시간 채널과 콘텐츠가 중단되었고, SKT의 마케팅 지원도 조금씩 줄면서 웨이브 성장에 제동이 걸렸다. 게다가 글로벌 OTT 공룡, 넷플릭스의 국내 유료 구독자 수가 300만을 넘어 400만 명에 육박 하면서 국내 1위 OTT 사업자 지위를 내어줌으로써 국내외 사업자 와 힘겨운 싸움을 하게 되었다.

다음 그래프를 보면, 2020년 3월부터 넷플릭스의 MAU가 급증 하는 것을 알 수 있고, 그에 따라 이용 시간도 처음으로 넷플릭스 에 역전당하며 갈 길 바쁜 웨이브는 더욱 마음 졸이게 되었다. 특

---

* 2010년 CJ헬로비전의 한 사업 부문으로 운영해오다가 2016년 CJ헬로비전의 SKB 매각 직전 같은 계
  열사인 CJ ENM이 사업을 인수하여 2020년 8월 현재까지 운영하고 있다.
** 2020년 8월 현재 CJ ENM은 티빙 법인 출범을 준비 중이고 JTBC는 새로 설립된 법인에 지분 투자를
  위해 공정거래위원회에 심사 신청을 한 상태다.

국내 OTT 월간 이용자 수(MAU)

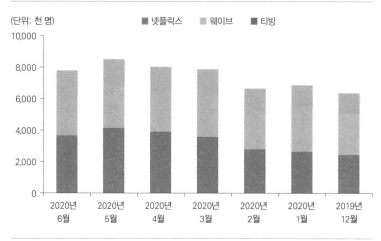

(단위: 천 명)　　　　　■ 넷플릭스　■ 웨이브　■ 티빙

출처: 코리안클릭

국내 OTT 월간 총 이용 시간

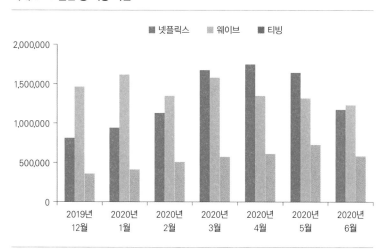

■ 넷플릭스　■ 웨이브　■ 티빙

출처: 코리안클릭

히 코로나-19로 본격적인 사회적 거리 두기 고강도 기간이 시작된 시기로 중고등학생과 대학생의 개학·개강이 지연됐고 4월에도 비대면 온라인 학습으로 집 안에 있는 시간이 많아졌다. 미국은 이 기간에 대부분의 OTT 유료 가입율이 증가했으나 국내 OTT 1위 사업자였던 웨이브의 부진은 다소 의외였다. 결국 웨이브의 부진은 넷플릭스의 콘텐츠 서비스 경쟁에서 밀렸다고 볼 수밖에 없다. 많은 전문가는 웨이브의 부진에 대해 어쩌면 당연한 결과라고 말하기도 한다.

넷플릭스같이 구독자 모델Subscription로 월정액 과금을 하면서도 자체 오리지널 콘텐츠는 없고, 혁신적인 기술을 보유하고 있거나 개발을 추진하는 것도 아니면서 OTT 서비스를 그저 지상파방송 콘텐츠의 주요 전송 수단 또는 유통 플랫폼으로만 여기고 있는 것은 아닌지 의문을 갖고 있기 때문이다.

와이즈앱의 통계 자료를 보면 웨이브 심정이 얼마나 복잡한지 더 잘 알 수 있다. 코로나-19로 외부 활동이 줄고 자택에 머무르는 시간이 많아지는데도 불구하고 웨이브는 MAU가 감소된 반면, 넷

웨이브, 넷플릭스, 티빙 MAU 비교(2019~2020)

시기	웨이브	넷플릭스	티빙	총계
2019년 11월	312만	243만	101만	689만
2020년 2월	275만	317만	125만	751만
2020년 5월	295만	479만	149만	968만

출처: 와이즈앱

플릭스와 티빙은 지속적으로 늘어나고 있기 때문이다.

OTT 서비스의 이용율은 실시간 방송 시청, 방송 프로그램 VOD 이용, 라이브러리 VOD 이용 세 가지로 결정된다. 웨이브에서는 JTBC와 tvN의 실시간 채널과 방송 프로그램 VOD를 이용하지 못하고 티빙에서는 지상파 3사(KBS, MBC, SBS)의 실시간 채널과 방송 프로그램 VOD를 이용하지 못한다. 이런 이유로 방송 프로그램의 시청률 외에 콘텐츠의 화제성 지수는 VOD 이용을 촉진시키고 스트리밍 서비스 전체 이용율에 영향을 미칠 수밖에 없다. 방송통신위원회가 운영하는 '방송콘텐츠 가치정보 시스템, 라코이RACOI'는 미디어 반응과 시청자 반응을 수집·분석해서 발표하는데 다음의 두 표는 라코이 시스템에서 방송 프로그램 종합 반응 1~3위의 2020년 월간 현황을 정리한 것이다.

6개월간 드라마 상위 프로그램 30개 중 티빙 서비스 프로그

2020년 방송 프로그램(드라마) 종합 반응

화제성	1월	2월	3월	4월	5월	6월
1위	〈스토브 리그〉 (SBS)	〈사랑의 불시착〉 (tvN)	〈이태원 클라쓰〉 (JTBC)	〈부부의 세계〉 (JTBC)	〈더 킹: 영원의 군주〉(SBS)	〈더 킹: 영원의 군주〉(SBS)
2위	〈사랑의 불시착〉 (tvN)	〈이태원 클라쓰〉 (JTBC)	〈하이바이, 마마!〉 (tvN)	〈더 킹: 영원의 군주〉(SBS)	〈부부의 세계〉 (JTBC)	〈사이코지 만 괜찮아〉 (tvN)
3위	〈낭만닥터 김사부〉 (SBS)	〈스토브 리그〉 (SBS)	〈하이에나〉 (SBS)	〈슬기로운 의사생활〉 (tvN)	〈슬기로운 의사생활〉 (tvN)	〈한 번 다녀 왔습니다〉 (KBS2)

출처: RACOI.OR.KR

2020년 방송 프로그램(예능·정보) 종합 반응

화제성	1월	2월	3월	4월	5월	6월
1위	〈미스터 트롯〉 (TV조선)	〈미스터 트롯〉 (TV조선)	〈미스터 트롯〉 (TV조선)	〈하트시그널 시즌3〉(채널A)	〈하트시그널 시즌3〉(채널A)	〈하트시그널 시즌3〉(채널A)
2위	〈백종원의 골목식당〉 (SBS)	〈슈가맨〉 (JTBC)	〈대탈출 3〉 (tvN)	〈복면가왕〉 (MBC)	〈복면가왕〉 (MBC)	〈팬텀싱어 3〉 (JTBC)
3위	〈슈가맨〉 (JTBC)	〈복면가왕〉 (MBC)	〈복면가왕〉 (MBC)	〈사랑의 콜센타〉(TV조선)	〈대탈출 3〉 (tvN)	〈복면가왕〉 (MBC)

출처: RACOI.OR.KR

램(tvN·JTBC)이 10개, 웨이브 서비스 프로그램(KBS, MBC, SBS)이 8개로 근소하게 티빙 서비스 프로그램이 앞선다.

반면 예능·정보 프로그램에서는 티빙 서비스 프로그램(tvN·JTBC)이 5개, 웨이브 서비스 프로그램(KBS, MBC, SBS)이 6개로 웨이브가 근소하게 앞섰다.* 만약 웨이브에서도 티빙과 같이 JTBC 채널을 시청할 수 있었다면 인기 프로그램 전용 서비스 수에서 웨이브가 드라마는 8 대 6, 오락·정보 프로그램은 5 대 2로 티빙에 앞섰을 것이다.

또 다른 관점에서 보면, 3월 이후 월간 화제성이 높은 톱 3의 드라마 중 KBS2의 〈한 번 다녀왔습니다〉를 제외하면 모두 넷플릭스에서 볼 수 있다. 이는 웨이브와 티빙이 운영 주체와 연결된 문제들

---

* TV조선과 채널A 프로그램은 웨이브와 티빙에서 모두 콘텐츠를 이용할 수 있어 전용 수에서 제외했다.

로 상대편의 콘텐츠를 서비스하지 못하는 반면* 넷플릭스는 대부분 콘텐츠를 서비스했다는 점은 왜 3월 이후 넷플릭스가 국내에서 높은 이용율과 가입자를 확보했는지 말해주는 것이다.

CJ ENM에서의 티빙 사업 부문을 독립 법인화한 이후 JTBC의 지분 참여로 다시 오픈하게 될 통합 티빙 서비스 장점과 그들의 전략은 무엇일까? 우선은 CJ ENM이 어떤 콘텐츠를 생산하고 있는지 알아봐야 그들의 장점을 찾을 수 있을 것이다. CJ ENM의 대표 채널은 누가 뭐라 해도 tvN이다. 종합 오락 채널을 표방하는 tvN은 뉴스·시사 프로그램을 빼고 다 있다고 보면 된다.

tvN은 2006년 개국 이후 오랫동안 10~30대 중반의 시청자를 핵심 타깃으로 드라마·오락 프로그램을 제작해왔다. 젊은 시청자 공략을 위해 의도적으로 선정적 프로그램을 제작한다는 문제와 그로 인해 제작 콘텐츠가 특정 세대에 편중되어 있다는 지적이 지속됐지만 마니아적 콘텐츠** 제작으로 불모지와 같았던 유료방송 콘텐츠 시장에 서서히 뿌리를 내려왔음을 부정할 수 없다. 그러다가 tvN은 큰 전환점이 되는 드라마를 제작했는데 2012년 〈응답하라 1997〉, 〈응답하라 1994〉(2013), 〈응답하라 1988〉(2015), 일명 응답하라 시리즈가 그 주인공이다.

응답하라 시리즈는 KBS 예능 프로그램 〈남자의 자격〉(2009)을

---

* 웨이브는 CJ ENM과 JTBC의 콘텐츠를 서비스하지 못하고 있고, 티빙은 웨이브의 주주로 있는 KBS·MBC·SBS의 방송 콘텐츠를 서비스하지 못하고 있다.
** 드라마 시리즈 〈막돼먹은 영애씨〉와 〈푸른 거탑〉, 〈롤러코스터〉 같은 예능 프로그램을 제작했다.

연출했던 신원호 PD가 tvN으로 2011년 이적한 후 제작한 첫 드라마로 40~50대의 향수를 불러일으키는 드라마 배경과 소품의 디테일, 1990년대 유행했던 가요와 부산 사투리를 결합시켜 강력한 국민 드라마로 탄생시킨 작품이다. 그동안 마니아적 콘텐츠만 제작하던 tvN이 모든 가족이 함께 보는 가족형 콘텐츠도 제작하는 채널로 변모하면서 시청층을 한층 두텁게 만드는 결정적 역할을 한 드라마였다.

이를 계기로 CJ는 2016년 드라마 전문 제작 스튜디오인 스튜디오드래곤을 설립했다. 이후 tvN은 계열사 스튜디오드래곤을 통해 2016년 〈또 오해영〉, 〈쓸쓸하고 찬란하神-도깨비〉, 2017년 〈화유기〉, 2018년 〈미스터 션샤인〉, 〈나의 아저씨〉, 〈알함브라 궁전의 추억〉, 〈남자친구〉, 2019년 〈아스달 연대기〉, 〈호텔 델루나〉, 〈사랑의 불시착〉, 2020년 〈오 마이 베이비〉 등 인기 높은 드라마를 제작·편성하며 대한민국 드라마의 큰 역할을 담당하고 있다.

CJ ENM의 오리지널 콘텐츠 중 또 하나의 축이 OCN이다. 원래는 영화 채널이었으나 2010년 CJ ENM과 M&A된 이후 〈신의 퀴즈〉(2010~2019) 시리즈, 〈특수사건 전담반 TEN 1·2〉(2011~2013), 〈나쁜 녀석들〉(2014, 2017), 〈38사기동대〉(2016), 〈보이스〉(2017~2019), 〈터널〉(2017), 〈구해줘〉(2017, 2020) 등의 스릴러·수사 드라마 시리즈를 잇달아 성공시키며 OCN표 오리지널 드라마 채널로 자리 잡게 되었다.

CJ ENM에서 제작하는 또 하나의 오리지널 콘텐츠는 엠넷Mnet

을 통해서 송출된다. 1995년 국내 유료방송 채널PP 개국 때부터 방송을 시작해 지금까지 음악 방송 외길을 걸어온 엠넷은 KMTV, MTV, 채널V 코리아 등 국내외 음악 채널과 경쟁을 했지만 2009년부터 시작한 〈슈퍼스타 K〉와 2012년 〈쇼 미 더 머니〉, 2015년 〈언프리티 랩스타〉, 2016년 〈프로듀스 101〉 등 다양한 장르의 음악 오디션 프로그램을 성공적으로 제작해 이 모든 경쟁에서 승리하며 현재 독보적인 음악 채널로 운영되고 있다.

이 밖에 CJ ENM은 XtvN, OtvN, OCN무비(채널 CGV), OCN Thrills(SUPER ACTION), 온스타일, 올리브, 투니버스, 온게임넷(OGN) 등 14개 기본 채널과 3개의 유료 채널(캐치온1·2, english gem) 등 17개의 유료방송 채널을 운영하고 있다.

이렇게 많은 채널과 드라마 제작 스튜디오, 오리지널 콘텐츠를 보유하고 있음에도 불구하고 CJ가 그동안 운영해오던 티빙의 유료 가입자 수는 2020년 상반기 기준 56만 명으로 웨이브 260만 명의 4분의 1 수준으로 큰 격차를 보이고 있다. 이유는 미국의 글로벌 OTT 사업자와 달리 보유하고 있는 자산이 OTT 서비스, 티빙에 초점이 맞춰진 것이 아니라는 것이다. 티빙도 CJ에게 '미래 먹거리'를 책임질 OTT 플랫폼이 아니라 미디어 사업의 일부였기 때문이다. 이는 사업자의 전략적 선택일 수 있으며 미국과 달리 시장성이 낮고 개선 가능성이 높지 않았다고 판단됐기 때문일 수 있다.

그러나 이제는 달라졌다. 넷플릭스가 쏘아 올린 스트리밍 전쟁은 비단 글로벌에서뿐 아니라 국내에서도 시작됐기 때문이다. 넷플릭스는 2020년 상반기 〈킹덤 시즌 2〉, 〈인간수업〉 등 자체 오리지널 콘텐츠와 스튜디오드래곤·CJ ENM과 JTBC 콘텐츠를 수급하고 지상파 일부 인기 콘텐츠까지 확보하면서 한국 OTT 시장에서 1위로 급부상했다. 웨이브는 KBS, MBC, SBS의 독점적인 콘텐츠와 20만 개의 라이브러리를 무기로, 티빙은 젊은 세대에 인기 있는 CJ ENM(tvN, OCN, 엠넷 등)의 콘텐츠와 JTBC 인기 드라마와 예능 콘텐츠를 무기로 심화되고 있는 국내 스트리밍 서비스 경쟁에서 넷플릭스와 어떻게 경쟁하고 협력하는지 그리고 어떻게 변모할지 다 같이 관심을 갖고 지켜볼 필요가 있다. 우리 미디어의 지형, 우리 콘텐츠 제작의 먹거리가 걸려 있기 때문이다.

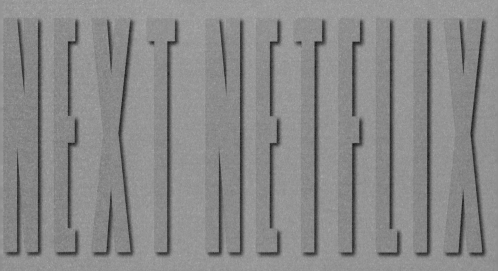

9장

너도나도 꿈꾸는
글로벌 전략

글로컬,
글로벌과 현지화 전략

2018년 12월, 한국 관계자들과 태국 GMM TV를 방문해 한국과 태국의 방송 콘텐츠 교류에 관해 이야기한 적이 있었다. GMM 그래미Grammy는 태국에서 가장 큰 미디어&엔터테인먼트 회사 중 하나로 음악, 영화·TV 콘텐츠 제작, 출판 제작을 하며 2개의 지상파 디지털 채널(ONE 31, GMM 25)과 케이블TV 채널(예능·음악 등), 4개의 라디오 채널(Chill FM Online, EFM 94, Green Wave 106.5 FM, Hot 91.5)을 운영하고 있다.

2018년 한국의 JTBC와 태국의 GMM ONE TV는 최초의 한·태 공동 제작 프로그램 〈팀 셰프〉를 제작해 같은 날 같은 시간에 방송했다. 서로 다른 언어를 쓰는 국가에서 같은 프로그램을 다른 언어로 각각 방송한다는 것은 쉽지 않았다. 특히 양국의 MC가 멘

트를 할 때마다 통역사가 이를 통역해서 전달해야 하므로 리액션이 느릴 수밖에 없었다. 이를 편집해 방송에 내보낸다고 해도 어색함은 남아 있기 마련이다. 그럼에도 불구하고 양 방송사는 의미 있는 시도를 했다고 생각한다. 특히 당시 태국은 그룹 블랙핑크 열풍이 불어 시내 곳곳에서 블랙핑크의 노래가 들려올 정도로 한국과 한국 가수에 대해 이미지가 좋아서 충분히 해볼 만한 시도였다.

좋은 분위기에서 간담회가 끝나고 자유롭게 이야기를 이어가는 시간에 GMM의 한 직원이 이런 질문을 했다. "한국의 기관이나 방송사들은 콘텐츠 교류를 중요하게 생각하는 것 같다. 방콕에서 한국 주도의 콘퍼런스나 세미나를 여러 차례 연 것으로 아는데 이런 행사가 한국 콘텐츠 세일즈 마켓 같았다. 한국은 콘텐츠 교류가 아니라 일방적인 판매를 원하나요?"라며 의미 있는 이야기를 꺼냈다. 이 직원과 짧지만 조금 더 이야기를 해보았는데 그는 방콕에서 열리는 많은 한국 콘퍼런스나 박람회를 방문하는데 그때마다 한국은 문화 교류를 얘기하지만 정작 태국 콘텐츠에는 관심이 없다고 느꼈다는 것이다. 그러면서 이번 〈팀 셰프〉 공동 제작은 나름의 의미가 있었다는 것이다. 그 직원은 문화 교류에 대해 본인의 생각을 말하는데 당당했고 문제점을 지적하는 데 주저함이 없었던 기억이 생생하다. 얼마간 나는 그의 말을 곱씹을 수밖에 없었다.

글로벌 전략과 현지화 전략은 서로 떼어놓고 생각할 수 없는 동반자적 관계다. 그래서 글로컬이라 부르기도 한다. 글로컬Glocal은 세계를 뜻하는 글로벌Global과 지역을 말하는 로컬Local의 합성어로

'세계를 향하면서 현지 사정에 맞춘다'라는 의미로 쓰이고 있다.

OTT 플랫폼 확대를 위해 그동안 보여준 넷플릭스의 글로벌 전략은 각국의 현지화 전략을 충분히 활용해 달성했다고 할 수 있다. 넷플릭스가 어떻게 국내에서 1위 OTT 사업자가 되었는지를 보면 현지화 전략이 무엇인지 쉽게 이해될 것이다.

미국 미디어 기업으로서 넷플릭스는 그들이 잘 할 수 있는 것, 잘 만드는 것에 집중하고 있다. 넷플릭스는 오리지널 콘텐츠를 만들 때, 정치·범죄·수사물이나 미래에 일어날 만한 일을 다룬 SF물을 제작할 때 미국 스튜디오에서 제작한다. 2013년 〈하우스 오브 카드〉부터 2015년 〈나르코스〉와 〈센스 8〉이나 〈데어데블〉 같은 마블 시리즈가 그렇다. 그러나 넷플릭스가 글로벌로 확대하려는 2016년부터 〈더 크라운〉(영국), 〈마드리드 모던걸〉(스페인), 〈트로이: 왕국의 몰락〉(영국), 〈킹덤〉(한국) 같은 역사·시대극을 만들 때는 해당 국가의 제작사에 대규모 투자를 통해 현지 제작사의 미움이 아니라 환영을 받으며 안정적인 콘텐츠 확보와 더불어 현지 구독자 확보에 시너지가 일고 있다. 이때 넷플릭스는 또 하나의 전략을 사용하는데 바로 '약한 고리'부터 깨는 전략이다.

해당 국가의 시장 지배 사업자, 즉 1등을 하는 기업보다는 2·3등 사업자와 협업하는 전략을 활용한다. 2·3등 사업자(약한 고리)를 공략하면 넷플릭스와 현지 기업은 상호 취약한 부분을 서로 보완해줄 수 있기 때문이다. 특히 3등 기업은 어떻게든 자국 시장을 재편하고 싶은 욕망이 있어 넷플릭스와 손을 잡지 않을 이유가 없다. 넷플릭스는 이를 활용해 해당 국가에 비교적 용이하게 진출·안착하는 전략이다.

넷플릭스가 2012년 영국에 진출했을 때 케이블TV 사업자였던 버진미디어Virgin Media를 파트너로 선택했다. 버진미디어는 1967년 설립된 버진레코드를 시작으로 1999년부터 별정 이동통신 서비스*를 하는 버진모바일과 영국 케이블TV와 인터넷 서비스 업체였던 두 회사, 텔레웨스트Telewest와 NTLNTL Incorporated이 합병해 TV·인터넷·유선전화·모바일 네 가지를 서비스하는 영국 최초의 쿼드러플 플레이 통신 사업자였다. 넷플릭스는 당시 유럽에서 최대 가입자 수를 보유한 영국의 스카이Sky Pic가 아니라 2위 사업자인 버진미디어를 택하면서 6개월 이용료 면제라는 파격적인 프로모션으로 영국 시장을 침투하기 시작했다. 이후 넷플릭스는 3위 사업자 BTBritish Telecom와 4위 사업자 톡톡TalkTalk과도 공동 프로모션을 펼치며 영국 시장을 공략했고 결국 영국의 SVOD(월정액 VOD) 시장의 60%를 차지하게 되었다.

넷플릭스는 2015년 스페인에 진출했을 때도 1위 사업자인 텔레포니카Telefonica가 아니라 2위 보다폰Vodafone과 처음 손을 잡았고 이후 통신사 오렌지Orage와 제휴하면서 스페인을 공략했다. 2014년 프랑스 진출 시에도 3위 부이그bouygues텔레콤과 공동 프로모션으로 시장에 안착했다. 넷플릭스는 유럽 각지에서 약한 고리

---

* 자체 이동통신망을 소유하지 않고 다른 회사의 망을 이용해 서비스하는 사업자로, 버진모바일이 세계 최초의 별정 이동통신 사업자다.

를 성공적으로 공략하며 유럽 SVOD 시장의 절반을 차지할 수 있었다. 넷플릭스가 국내에 진출할 때 1위 통신 사업자 SKT가 아니라 3위 통신 사업자 LGU+와 먼저 전략적 제휴를 맺은 것도 이런 전략에 기인한 것으로 볼 수 있다.

2020년에는 KT와도 공동 프로모션을 시작한 넷플릭스는 2020년 8월 현재 국내 OTT 시장에 안착했음은 물론 600만 유료 구독자를 넘어서며 부동의 1위 사업자가 되었다. 이렇게 시장에서 1위 사업자가 되면 그때부터 넷플릭스는 바잉 파워_{Buying Power}를 거머쥐게 된다. 시장 1위라는 우월적 지위를 이용해 필요한 콘텐츠를 그들이 원하는 조건, 절대적으로 유리한 계약 조건으로 구매할 수 있는 힘이 생긴다.

넷플릭스는 국내 콘텐츠를 구매할 때도 시장 진입 초기(2016~2017)에는 콘텐츠 제작사의 경영 환경이나 요구 조건을 반영해 국가별로 판권을 구매했다. 예를 들어 한국에서 팔 수 있는 권리는 비독점으로, 글로벌 판권은 독점으로 구매한다든지 북미 판권만 독점으로 구매하고 아시아는 비독점 또는 구매하지 않는 식이었다. 그러나 국내에서 절대적 위치를 차지하는 요즘은 모든 판권을 일괄 구매하고 있다. 콘텐츠 제작사가 한국 내에서 편당 판매가 가능한 TVOD 시장을 고려해 한국을 제외한 글로벌 판권만 팔고 싶어도 그럴 수 없다. 'all or nothing'. 모든 판권을 넘기지 않으면 아무것도 팔 수 없는 처지가 된 것이다. 정리하면 넷플릭스의 현지화 전략은 (1) 투자와 협력 단계, (2) 약한 고리와 협력을 통해 시장 안착 단계를 거쳐, (3) 시장 지배적 사업자에 올라 바잉 파워 활용 단계로 접어들게 된다.

한국을 보자. 2019년 웨이브가 출범할 때 세 가지 전략을 들고 나왔다. (1) 해외 드라마·영화·스포츠 상품 강화, (2) 오리지널 제작 투자와 대작 콘텐츠 독점을 통한 콘텐츠 강화, (3) 동남아시아를 시작으로 글로벌 진출. 그러면서 웨이브는 3,000억 원을 콘텐츠 제작에 투자해 유료 가입자 500만 명을 모집하겠다는 목표를 제시했다. 초기에 3,000억 원이면 부족하더라도 웨이브가 OTT 시장 구축과 글로벌 진출을 위해 투자 의지가 조금은 있다고 생각했다. 그런데 여기에 '2023년까지'라는 단서를 보면서 아쉬움이 남을 수밖에 없었다. 5년간 3,000억 원 규모의 콘텐츠 투자를 한다는 것은 매년 600억 원꼴로 투자한다는 것이다. 이 금액으로는 오리지널 드라마 4편(회당 10억 원×16부작×4편) 또는 영화 3편도 제작하기 버거울뿐더러 글로벌 진출은 언감생심*이라는 생각이 들었다. 넷플릭스의 2020년 콘텐츠 투자금액 20조 원은 그렇다 치더라도 넷플릭스가 2016년 〈옥자〉 한 편에 투자한 금액 570억 원, 〈미스터 션샤인〉 한 편 제작비 430억 원을 감안하면 웨이브의 오리지널 콘텐츠 생산과 글로벌 진출은 당분간 쉽지 않을 것이라는 게 많은 전문가의 시각이다.

웨이브가 출범한 이후 첫 투자한 콘텐츠는 〈조선로코-녹두전〉

---

* 어찌 감히 그런 마음을 품을 수 있겠냐는 뜻으로, 전혀 그런 마음이 없었음을 이르는 말이다.

으로 100억 원 규모의 제작비를 전액 투자했다고 알려졌다. 그러나 〈조선로코-녹두전〉은 OTT 플랫폼인 웨이브 전용 콘텐츠로 만들어진 것이 아니다. KBS2에서 방송한 이후에 웨이브에서만 VOD를 독점 서비스하는 형식으로 넷플릭스의 오리지널 콘텐츠와 다소 차이가 있었다.

웨이브가 출범하면서 제시한 동남아시아로의 글로벌 진출은 아직 시동도 걸지 못했다. 그나마 국내 가입자가 해외여행 시 웨이브를 이용할 수 있는 '웨이브 고'를 2019년 9월 서비스했지만, 서비스를 시작한 지 얼마 되지 않아 코로나-19로 해외여행이 중단되면서 이용할 수 없게 되었다. 코로나-19로 OTT플랫폼 사업자로서 해외 진출도 당분간 보류할 수밖에 없게 됐다.

그사이 동남아 여러 국가에 진출한 넷플릭스가 현지 시장을 차근차근 공략하는 것을 보면 부러울 따름이다. 넷플릭스가 보여준 것처럼 글로벌 전략의 핵심은 현지화 전략이고 현지화 전략의 핵심은 튼튼한 자금줄을 바탕으로 현지 미디어 그룹이나 제작사와 협력자·동반자적 관계를 맺는 것이다. 그런데 지금 웨이브의 글로벌 전략이 공허하다고 느끼는 이유는 그들의 자금 계획이 그만큼 신통치 못하다는 것이고 이런 시장의 평가를 깨줄 만한 전략·전술을 찾아보기 어렵기 때문일 것이다.

2020년 미디어 전문가의 최대 관심 중 하나는 쿠팡의 싱가포르 OTT 서비스 사업자 훅Hooq의 인수였다. 국내 최대 온라인 쇼핑몰 사업자 쿠팡이 국내 OTT 서비스가 아닌 동남아 OTT 서비스 업체인 훅을 인수했다는 것에 많은 사람이 궁금증을 자아내기 시작했다. 훅은 싱가포르 최대 이동통신 사업자 싱텔Singtel과 소니픽처스, 워너브라더스가 합작해 2015년 1월 설립한 OTT 회사로 싱가포르·인도네시아·태국·필리핀·인도 5개국에 스트리밍 서비스를 하고 있었다. 2016년 바르셀로나 GLOMOGlobal Mobile Awards 2016에서 미디어·영화·TV 부문 최고의 모바일 앱으로 선정되는 등 가파른 성장을 했지만 주요 주주인 싱텔의 사업이 위기를 맞자 넷플릭스와 경쟁이 버거운 OTT 사업마저 파산을 신청(2020년 3월)하고 다음 달부터는 동남아 지역에서의 서비스도 중단하게 되었다. 이런 훅을 쿠팡이 2020년 7월 자산 취득 계약을 체결한 것이다.

쿠팡의 OTT 서비스 인수는 세계 최대 인터넷 쇼핑몰 아마존닷컴의 아마존 프라임 비디오 운영 모델을 따라 하기 위해서라는 것은 누구나 쉽게 예측할 수 있다. e-커머스, 온라인 쇼핑 시장에서 충성도 높은 고객을 붙잡아두기 위해 아마존 프라임 비디오가 매우 중요한 역할을 한 것처럼 쿠팡도 온라인 동영상 서비스를 이용해 안정적인 수익을 창출하려면 반드시 OTT 서비스 업체가 필요했을 것이다. 이는 중국 인터넷·미디어 기업 텐센트가 말레이시아의 OTT 스트리밍 서비스 사업자인 아이플릭스IFLIX를 인수한 것과 다르지 않다.

쿠팡이 훅을 인수한 또 다른 이유는 나스닥 상장을 위해서라는 분석도 있다. 2015년 1조 1,337억 원에서 2019년 7조 1,530억 원으로 4년 만에 매출이 6배 이상 급성장한 쿠팡은 영업 적자 규모도 매년 5,000억 원 이상 나고 있어 2019년 기준 누적 적자만 3조 7,210억 원(부채비율 6,122%)으로 매출만큼이나 적자 규모도 어마어마하게 커졌다. 그래서 쿠팡으로서는 손정의 일본 소프트뱅크 회장* 같은 투자자가 필요하다. 그러려면 나스닥 상장을 추진하는 쿠팡에게 글로벌 기업 이미지를 구축하고 글로벌 기업 가치를 높이기 위해 동남아 OTT 서비스 업체를 인수했을 가능성도 있는 것이다. 동남아 OTT 시장까지 진출해 글로벌 기업 넷플릭스와 대항하는 기업 이미지를 구축해 단순히 한국 온라인 쇼핑몰 업체가 아니라 '아시아의 아마존, 쿠팡'으로 나스닥에 상장을 추진해야 가능성이 훨씬 커지기 때문이다.

플랫폼을 갖고 다른 나라에 진출한다는 것은 저작권·IP 해결을 떠나 쉽지 않은 비즈니스다. 호기심이 생기는, 그래서 보고 싶은 콘텐츠 하나를 선택할 수는 있어도 호기심만으로 플랫폼을 선택하거나 가입 후 오랫동안 유지하는 것은 어렵다. 미국의 OTT 사업자들이 오리지널 콘텐츠(가입용)와 라이브러리(유지용)를 모두 중요하게 생각하는 것만큼이나 해외 시청자도 우수한 한국 콘텐츠 말고 현지인들이 즐겨보는 자국 콘텐츠가 꼭 필요하다. 우리가 만든 콘텐츠가 아무리 재미있고 좋다고 해도 그 콘텐츠는 외국 사람이 만든 외국 콘텐츠인데 매일 이것만 시청할 수 없다. 따라서 우리가 OTT 플랫폼을 갖고 해외로 진출하려면 우리의 콘텐츠뿐 아니라 현

---

* 쿠팡은 손정의 일본 소프트뱅크 회장의 전폭적인 지원을 받아왔다. 지금까지 손 회장은 쿠팡에 3조 3,000억 원을 투자한 것으로 알려졌다.

지 미디어 사업자·제작 스튜디오와 협력해 그들의 콘텐츠를 포함시키고 그들의 산업 생태계를 활성화할 수 있도록 노력해야만 성공적인 글로벌 진출을 할 수 있다. 넷플릭스가 그랬던 것처럼 말이다.

5,000만 명 규모의 인구를 갖고 있는 한국은 방송·미디어 산업을 유지하는 일이 여간 쉽지 않다. 아무리 콘텐츠를 잘 만들어도 1등 콘텐츠·방송사만 겨우 수익을 창출하고, 2·3등 콘텐츠·방송사는 적자를 면하는 수준의 시장 규모가 지금의 한국 미디어 시장의 현실이다. 그래서 방송 사업자는 치열한 경쟁을 할 수밖에 없다. 우리 편 규제는 완화해달라고 요구하면서 다른 사업자는 규제를 유지 또는 신설을 주장할 수밖에 없는 안타까운 현실에 놓여있다. 적어도 인구 1억 2,600만 명의 일본 수준은 되어야 콘텐츠를 제작하고 서비스하는 방송·미디어 선순환 산업 생태계가 만들어질 것이다. 어떻게 해야 할까? 출산율이 떨어지는 상황에서 우리에게 기회는 없을까?

대한민국에서 인구 1억 명이 불가능하다면, 우선 방송·미디어 시장에서 1억 명을 확보하기 위해 정부·방송·미디어 업계가 노력해야 한다. 무엇보다 시장 확대를 위해 전략적 접근이 필요하다. 문화 동질성이 있고 물리적 거리, 즉 시차 2시간 이내의 아시아 시장에서 동시간대에 콘텐츠를 함께 소비할 수 있는 생활 패턴이 유사한 시청자 확보가 시급하다.

친한류 성향을 보이면서 1억 미만의 인구를 보유한 베트남(9,700만 명), 태국(7,000만 명), 말레이시아(3,200만 명) 같은 동남아 국가의 시청자 25%(약 5,000만 명)만 우리 방송권으로 흡수하면 우리나라 인구와 합쳐 1억 명의 시청자를 확보할 수 있다. 이렇게만 할 수 있다면 광고 시장은 물론 콘텐츠 제작 시장, 콘텐츠 유통 시장, 모든 분야의 방송·미디어 시장뿐 아니라 온라인 커머스 시장도 급성장할 수 있을 것이다. 그렇지만 우리의 일방적인 시장 확보 전략이 되어서는 안 된다. 상대방 국가와 문화를 상호 교류해야 지속적이고 안정적인 동일 권역의 방송·미디어 시장이 될 것이다.

물론 풀어야 할 크고 작은 문제가 있을 것이다. 그렇지만 시장이 확보되지 않으면 공멸할 수 있다는 점을 분명히 이해하고 협력해야 한다. 이 중심에는 정부의 주도적 역할이 필요하다. 정부가 나서서 주도적인 역할을 해야 이 문제의 실타래를 풀 수 있다. 만일 이러한 문제를 사업자가 주도하면 수익·시장 선점 등 자사 이익에 매몰될 수 있고, 이렇게 한번 잘못된 접근으로 현지의 여론이 악화되면 다시는 그 시장에 진입하기 어려워질지 모른다. 그래서 정부의 역할이 중요한 것이다. 뒷짐 지고 감시자 역할을 하는 정부가 아니라 전담 부서를 갖춰 중장기 전략과 전술을 구축하고 이를 차근차근 실행하는 정부가 필요하다. 동일 권역의 방송·미디어 시장을 만드는 일은 몇몇 방송사와 현지 국가 간의 공동으로 콘텐츠를 제작하는 수준의 문제가 아니기 때문이다. 우리가 제작하는 뉴스·드라마·예능 프로그램을 1억 명이 함께 볼 수 있는 날이 오기를 손꼽아 기다려본다.

넷플릭스,
아군인가 적군인가?

넷플릭스의 현지화 전략은 현지 스튜디오를 통해 넷플릭스 오리지널 콘텐츠를 생산하게 하고 이를 통해 현지 제작 산업 활성화에 이바지함으로써 현지 국민에게 넷플릭스 오리지널 콘텐츠의 우수성은 부각시키고 외국 기업에 대한 거부감은 줄이는 것이다. 이를 통해 넷플릭스 구독자 폭발이 이어지고 다시 현지 제작사를 통해 오리지널 콘텐츠를 생산하면서 선순환 과정에 들어가는 것이다. 그러나 일부 전문가는 이러한 넷플릭스 전략으로 인해 한국 콘텐츠 제작 시장이 '제작 생산 기지화'가 되는 거라고 걱정하기도 한다. 그러나 이들이 바라보는 OTT 사업은 모순이 생긴다.

제작 생산 기지화는 다분히 문화제국주의 관점에서 산업을 보는 것이다. 이런 시각을 가진 사람들도 우리나라 OTT 사업자의 미래를 말할 때 반드시 글로벌 진출, 특히 문화 동질성이 있고 친親한 국적인 동남아시아의 진출이 필요하고 이를 통해 한류를 확산해야 한다고 주장한다. 우리나라는 동남아시아로 콘텐츠 진출을 하면서 쌍방향, 즉 문화 교류보다는 일방적 전파·확산의 장소로 진출을 생각한다.

일례로 베트남 넷플릭스 콘텐츠 톱 3가 한국 드라마 〈사이코지만 괜찮아〉, 〈쌍갑포차〉, 〈더 킹: 영원의 군주〉라고 했는데 우리는 베트남 영화나 드라마 또는 어떤 콘텐츠라도 시청하거나 기억하고 있는 게 있는지 돌아보자. 지금은 한국이 콘텐츠를 잘 만들고 재미있으니깐 베트남 시청자에게 인기 있는 것 아니냐고 하겠지만 넷플릭스를 문화제국주의* 관점에서 본다면, 베트남 사람 입장에서 한국의 자국 진출은 또 하나의 문화제국주의라고 생각할 수 있다. 중세 시대 영국-프랑스-스페인이 아시아·아프리카 대륙을 침략할 때처럼 침략자는 꼭 하나만은 아니다. 넷플릭스를 문화 침략자로 생각한다면 우리가 글로벌 진출을 꾀할 때 우리도 침략자가 될 수 있음을 알아야 한다.

넷플릭스는 우리에게 아군일까? 적군일까? 당연히 시대 상황에 따라 달라질 수밖에 없고 파트너십에 따라 달라질 수 없긴 하

---

* 글로벌 환경 속에서 다른 나라를 문화적으로 정복함으로써 영향력과 이권을 확보하려는 입장이나 그런 현상을 설명하는 이론으로 '문화식민주의(Cultural colonialism)'와 유사한 개념이다. 과거 서구 유럽이 다른 대륙의 영토를 지배하는 '제국주의'였다면 문화제국주의는 물리적 영토보다는 문화를 통한 지배와 종속 관계를 낳으면서 강대국(중심부)이 약소국(주변부)을 문화적 지배자가, 약소국은 강대국의 문화 식민화가 된다는 이론이다.

다. 코로나-19로 많은 콘텐츠 사업자는 제작 위기에 직면함은 물론, 제작한 콘텐츠를 해외로 수출하기 어려운 문제에 직면하기도 한다. 이런 시기에 콘텐츠 제작사가 글로벌로 진출할 수 있는 가장 쉬운 길은 넷플릭스를 통하는 것이다. 한 번에 2억 명 이상에게 서비스할 수 있는 넷플릭스는 코로나-19 시대에 어쩌면 구세주 같은 존재일지 모른다. 하지만 코로나-19 시대가 아니라면? 넷플릭스 2억 명 시대는 넷플릭스에게 한껏 높은 '바잉 파워'라는 마법 스틱을 쥐어준 것이나 다름없다. 이런 넷플릭스는 전 세계 독점 판권을 요구할 가능성이 커져, 콘텐츠를 유통할 수 없거나 넷플릭스가 다른 OTT 플랫폼 성장을 가로막아 유통할 곳이 없어질 수 있다. 당연히 넷플릭스는 아군도 적군도 아니다. 때로는 우리와 전략적 관계일 수도 경쟁적 관계일 수도 있는 OTT 서비스 사업자인 것이다.

이렇게 중세 거대한 '성Castle' 같은 넷플릭스지만 우리에게 희망이 없지 않다. 넷플릭스 2억 시대에서 가장 큰 성장세를 보이는 곳이 아시아 국가다. 절대 가입자 비중은 작지만, 2017년 초 470만 명에서 2019년 말 약 1,500만 명, 2020년 상반기에는 2,000만 명을 넘어서면서 증가 폭이 커지고 있다. 그런데 대부분의 아시아 국가에서 한국 콘텐츠가 강세다. 넷플릭스 입장에선 전 세계 절반이 넘는 아시아 국가에서 현재의 성과는 미미할 수 있다. 그래서 이를 좀 더 확실히 공략하려면 한국 콘텐츠, 특히 한국 드라마는 꼭 필요한 무기인 셈이다. 성능이 좋은 무기를 팔 때 비싼 값을 요구하는 것은 당연하다. 우리의 콘텐츠 가치를 확실히 인정받아야 넷플릭스도 한국 시장을 지금처럼 중요하게 생각하고 무시하지 않는다.

물론 이로 인해 넷플릭스가 아닌 OTT 플랫폼 사업자의 경쟁력은 더 줄어들 수 있게 되지만, 콘텐츠를 제작하는 사업자 입장에서는 넷플릭스에 콘텐츠 판매 전략을 계획적으로 수립해야 할 필요가 있다. 국내 OTT 플랫폼 사업자도 마찬가지다. 애국심에 호소하기보다 비즈니스 파트너십을 어떻게 맺고 어떤 관계를 설정할 것인지 고민해야 한다. 국내 OTT 플랫폼 경쟁력이 쇠퇴해 유럽 같은 처지가 되는 것은 누구도 원치 않는다.

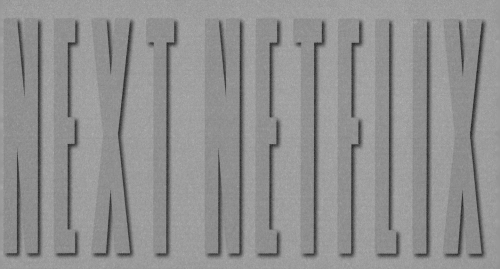

10장

스트리밍의
파도를 타라

지금까지 OTT 스트리밍 서비스에 대해 많은 이야기를 한 것처럼 OTT 서비스는 더는 남의 나라 이야기도, 우리가 비껴갈 수 있는 상황도 아니다. 좋든 싫든 우리가 이용할 수밖에 없고 선택할 수밖에 없는 서비스다. 미디어 사업자에게도 마찬가지다. 아마존처럼 유통 사업자가 미디어를 이용하고, 미디어 사업자가 유통을 이용하는 시대가 온 만큼 피해갈 수도 피해가서도 안 된다. 그럼에도 여전히 국내 서비스는 갈피를 잡지 못하고 있는 모양새다.

미국이 2010년대부터 M&A를 통해 미디어의 몸집을 키우고 글로벌 경쟁력을 강화하고 있을 때 국내는 사업자들의 늦은 시장 참여와 정부의 규제 중심적인 사고로 인해 한 발짝, 아니 서너 걸음 이상 뒤처져 있어 보인다. 무엇보다 미디어 비즈니스에 테크 Technology에 대한 투자와 의지가 부족해 치열한 이 시장에서 살아남는 방법은 있을까? 넷플릭스의 구독자 기호와 이용 패턴 데이터를 분석한 추천 알고리즘과 인공지능 딥러닝의 결합, 아마존의 고객 행동 패턴과 구매 패턴을 활용한 데이터 분석, 인공지능 스피커 알렉사까지 글로벌 미디어 기업은 반드시 기술 개발을 통해 서비스를 진화시키고 있다는 점이 국내 미디어 사업자를 더욱 긴장시키고 있다.

경쟁과 협력, 누구와 경쟁하고 누구와 협력할 것인가?

최근 국내 통신 사업자는 함께할 파트너 찾기에 분주하다. 2019년 SKT는 지상파 3사(KBS, MBC, SBS)와 손을 잡고 웨이브를 출범시켰고 2018년 LGU+가 넷플릭스와 제휴한 것을 못마땅해한 KT도 2020년 8월 넷플릭스와 손잡고 마케팅 강화에 힘쓰고 있다. CJ ENM은 티빙을 별도 법인으로 분사시키고 JTBC와 손잡고 웨이브와 경쟁을 예고하고 있다.

이렇게 국내 미디어 사업자 간 치열한 경쟁 속에서 넷플릭스는 국내 시장을 빠르게 잠식하고 있고 머지않아 디즈니플러스의 국내 진출도 예상되는 상황이다. 디즈니플러스가 일본의 통신사 NTT 도코모와 손잡고 진출한 것처럼 국내에서도 이동통신 3사(SKT, KT, LGU+) 중 하나와 제휴해 서비스할 가능성이 크다. 유아·청소년 콘텐츠가 크게 부족한 국내 현실에서 디즈니플러스와 손을 잡게 되는 미디어 사업자는 그만큼 콘텐츠 경쟁력에서 우위를 점하게 되므로 누가 디즈니와 손을 잡게 되는지는 넷플릭스와 제휴 이상으로 큰 관심을 가질 수밖에 없다. 이런 상황에서 아쉬운 점이 두 가지가 있다. (1) 상업적인 OTT 경쟁 속에서 공영방송의 역할과 존재감이 없다는 것과 (2) 국내 미디어 서비스 경쟁에서도 결국 글로벌 미디어 사업자의 콘텐츠로 '콘텐츠 차별화'를 시도해야 한다는 점이다.

● 공영방송다운 OTT 서비스 전략 필요

OTT 스트리밍 서비스가 확대되는 현 상황에서 미디어 시장에 여러 가지 이슈가 대두되고 있는데 그중 하나가 공영방송 수신료 이슈다. 현재 우리는 국민 대부분이 월 2,500원의 TV 수신료를 내고 있다. 금액으로만 보면 해외 국가들에 비해 적다. 영국과 독일은 연간 TV 수신료가 우리 돈으로 20만 원이 훌쩍 넘고 프랑스와 일본도 15만 원이 넘어 KBS 수신료 3만 원과는 큰 차이가 있다. 그래서 수년 전부터 KBS는 40년 전(1981)에 책정된 수신료를 일정 부분 현실화해달라고 요구하고 있다. 반대하는 시청자도 만만찮다. 정치적 이유가 아니더라도 OTT 스트리밍 서비스로 콘텐츠를 이용하면서 점점 더 지상파TV 프로그램을 보지 않는데 왜 TV 수신료를 인상해야 하는지 납득할 수 없다는 것이다.

우리나라는 공영방송이라는 용어를 쓰면서도 공영방송에 대한 법적인 정의가 없다. 따라서 어떤 방송 사업자가 공영방송인지의 규정도 없다. 다만, 공직선거법상에 '공영방송사'가 중앙선거방송토론위원회를 추천할 수 있도록 규정하면서 대상을 한국방송공사(KBS)와 방송문화진흥회가 최다출자자인 방송 사업자(MBC)로 정한 것뿐이다. 여기서도 시청자는 개인이 생각하는 공영방송사와 규정(KBS, MBC)이 다르다고 느낄 수 있다. 또 하나는 공영방송의 OTT 서비스를 이용하기 위해서 KBS가 무료로 제공하는 'KBS my K' 앱이 아니라 모든 지상파방송 채널과 VOD 서비스를 이용할 수 있는 웨이브를 이용해야 한다는 생각이 커서, 웨이브에 월 구독료를 지불하는 만큼 TV 같은 대형 스크린을 이용하지 않는 이상 KBS 수신료와 웨이브 이용료 둘 다 내는 것은 이중 납부하고 있다는 생각이 들기 때문이다.

이런저런 이유로 시청자는 KBS에 지불하는 수신료가 적은 금액임에도 아깝다고 생각할지 모른다. 우리는 공영방송을 얘기할 때 세계적인 공영방송사인 영국의 BBC 사례를 든다. KBS와 BBC는 역사·규모만 놓고 보면 비교 대상이 아닐지 모른다. 그럼에도 지향점이 같다고, 아니면 그러길 바라는 마음에서 두 방송사를 비교하는 것일 것이다. KBS와 BBC가 다른 점은 방송의 규모나 수신료의 차이보다 두 방송사가 방송을 어떻게 전달하느냐 하는 관점의 차이라고 생각한다. 적어도 BBC의 목표는 방송을 얼마나 잘 전달하느냐가 아니라 오디언스(시청자)에게 얼마나 BBC를 효과적으로 전달하는지이기 때문이다. 그에 따라 TV·오디오·인터넷을 통해 영국 오디언스에게 어떻게 전달할지와 영국령 밖에 있는 오디언스에게도 어떻게 BBC를 서비스할 것인지 고민하고 서비스 전략을 수립하고 있다.

BBC는 2003년부터 계획하고 준비한 아이플레이어를 2007년부터 서비스하고 있다. 이 서비스는 BBC의 TV·라디오 채널에서 방송된 모든 콘텐츠를 무료로 스트리밍하거나 다운로드를 할 수 있다. KBS my K와 달리 아이플레이어는 VOD를 제공하고 무료인데도 광고가 없어 영국 시청자에게 큰 호응을 얻었다. BBC의 고민은 언제나 BBC가 만든 콘텐츠를 가장 효과적인 방법으로 시청자에게 제공하는 것이라는 사실을 아이플레이어 서비스를 통해 보여준 셈이다.

BBC의 고민은 여기서 멈추지 않았다. 넷플릭스가 영국 OTT 서비스 시장의 50%를 넘게 차지하고 있고 아마존을 포함해 다수의 미국 거대 미디어 그룹이 진출함에 따라 아이플레이어의 이용이 감소하고 만족도도 줄어들자 BBC는 아이플레이어 개선 계획을 발표(2019년 6월)했다. 기존에 30일로 제한됐던 콘텐츠 노출 기간을 1년으로 연장하고 방영이 끝난 TV 시리즈는 첫 회부터 마지막 회까지 동시 공개해 몰아보기 서비스를 제공하겠다는 것이다.

영국의 규제 기관 오프콤이 BBC의 서비스 계획을 즉각 수용(2019년 8월)하면서 아이플레이어는 또 한 번 시청자에 다가서는 서비스를 준비할 수 있었다. 오프콤은 2019년 연례 보고서에서 젊은 층의 BBC 이탈이 커서 BBC가 미래에 존폐 위기에 직면할 수 있다고 경고한 바 있었다. 16~34세의 BBC TV 채널 도달률이 전체 평균의 절반 이하, 어린이 채널 CBeebies의 도달율은 감소(39%→34%)하고 있다. 15~24세의 아이플레이어 이용비율이 26%에 그치는 등 젊은 세대의 BBC 이용이 감소하자 오프콤은 이 문제를 해결할 수 없다면 "BBC는 한 세대의 시청자를 잃게 될 것"이고 이러한 상황이 지속되면 "BBC를 위해 수신료를 달라고 말하기 어려울 것"이라고 경고했다.

2019년 9월 BBC의 토니 홀Tony Hall은 'RTS CAMBRIDGE CONVENTION 2019'에서 아이플레이어의 개선 계획을 보다 구체적으로 밝혔다. 아이플레이어가 처음에는 TV 프로그램을 캐치업* 서비스로 시작했지만 이제 1년간 모든 콘텐츠를 제공하게 될 것이고 BBC 채널뿐 아니라 BBC 산하의 모든 채널**의 콘텐츠를 함께 제공하는 '토털 TV'가 되어 아이플레이어를 "목적지 그 자체Destination in its own right"로 변화시키겠다고 했다. 스트리머의 도서관Streamers' libraries이 축소되는 치열한 스트리밍 경쟁에서 BBC는 새로운 기회를 보았다고 밝혔다. BBC의 연간 수신료는 154.5파운드로 20만 원을 훌쩍 넘는데 KBS 수신료와 비교하기 어려울 정도다. 그러나 공영방송사가 수신료로 제작된 콘텐츠를 어떻게 시청자에

---

* 유럽에서 주로 쓰는 TV 캐치업(Catch-up) 서비스는 방송 종료 후 평균 7일 이내의 프로그램을 무료로 다시보기하는 서비스를 말한다. 유럽에서는 7일 이내의 서비스를 '캐치업'이라 하고 VOD는 캐치업 서비스가 끝난 콘텐츠를 서비스하는 것으로 구분해 쓴다.
** BBC1(일반 대중 프로그램), BBC2(스포츠·교육·다큐멘터리 중심), BBC3(드라마·오락 중심), BBC4(다큐멘터리·문화 중심), BBC Parliament(정치·의회 방송), CBBC(어린이 방송), CBeebies(미취학 아동 방송), BBC Alba(스코틀랜드어 방송)가 있다.

주요국의 공영방송과 KBS 수신료 비교

국가	공영방송사	연간 수신료	한국 대비
한국	KBS	3만 원	·
영국	BBC	22만 9,820원(154.50파운드)	7.8배
독일	ZDF	26만 7,680원(210유로)	8.9배
프랑스	FT	17만 7,180원(139유로)	5.9배
일본	NHK	16만 780원(1만 5,720엔)	5.4배

출처: KBS 홈페이지

게 전달(도달)할지 고민하고 서비스를 개선하는 것, 민영 미디어 기업과의 서비스 경쟁을 어떤 관점으로 해야 하는지 진지하게 생각해야 할 대목이다.

그에 반해 우리의 공영방송은 공영적 성격과 상업적 성격이 모호하게 결합되어 있다. KBS1은 광고 없이 운영하지만, KBS2는 상업 광고를 방송에 포함하고 있고, KBS 자체 OTT 서비스(KBS my K)보다는 다른 지상파와 연합해 만든 OTT 플랫폼(웨이브) 유료 VOD 서비스에 치중하고 있는 듯한 모습을 보이고 있다.

물론 영국도 최근 공영방송 BBC와 민영방송 ITV 합작으로 새로운 콘텐츠 유통 서비스 브릿박스BritBox를 시작했다. 브릿박스는 2017년 미국 거주자를 대상으로 영국 TV콘텐츠(BBC&ITV)를 SVOD 형태로 제공하는 것으로 시작해 2018년 2월 캐나다, 2019년 11월부터는 자국인 영국에서도 서비스를 시작했다. 영국의 공영방송과 민영방송의 합작 프로젝트는 이번이 처음은 아니다.

브릿박스

출처: www.britbox.com/about

2008년 BBC와 ITV, 채널 4, 세 회사가 '캥거루 프로젝트Kangaroo Project'라는 이름으로 VOD 연합 서비스를 시도했는데 영국의 공정 경쟁위원회가 독과점으로 인한 불공정 경쟁을 초래할 수 있다는 이유로 연합 서비스를 허락하지 않아 결렬되었다. 하지만 넷플릭스가 영국 SVOD 시장의 50% 이상 점유하고 미국의 미디어 그룹의 OTT 서비스가 영국으로 밀물 듯이 몰려와 시장을 잠식하고 있는 현 시점에서는 영국의 공정경쟁위원회도 브릿박스 서비스를 반대하기 어려웠을 것이다.

2019년 브릿박스 콘텐츠에 채널 4(필름 4 포함)가 추가됐고 바이어콤CBS가 소유한 채널 5와 코미디센트럴도 포함되는 등 콘텐츠 라인업이 강화됐다. 그 결과, 2020년 브릿박스는 미국과 캐나다에서 구독자 100만 명을 넘어섰고, 향후 넷플릭스와 서비스 경쟁을 위해 BBC와 ITV가 판권을 소유하고 있는 콘텐츠는 유효 기간이 만료되면 갱신하지 않기로 했다.

2020년 3월 브릿박스는 오스트레일리아에서도 서비스를 시작하는 등 영어권 국가를 중심으로 해외 시장 진출을 확대할 것이다. 비록 브릿박스가 영국에서도 서비스하고 있지만 각 플랫폼 간 콘텐츠 제한이 있어 글로벌 서비스와는 다른 형태로 운영된다. 즉 브릿박스는 BBC(지분율 10%)와 민영방송 ITV(지분율 90%)가 해외 서비스 진출을 위해 합작한 것으로 봐야 한다. BBC가 아이플레이어를 통해 자국 시청자에게 서비스를 강화하는 한편, 해외 OTT 서비스를 위해 민간방송사와 협력하고 있다는 점은 우리나라 공영방송에 시사하는 바가 크다.

새 술은 새 부대에,
레귤레이션 혁신

미국과 달리 국내 규제 기관은 방송 서비스의 차별화, 특히 콘텐츠를 차별화하는 것에 매우 민감하다. 콘텐츠 차별화가 자칫 불공정 거래가 될 수 있다는 해석이다. 예를 들어 지상파방송은 물론 tvN은 케이블TV에서도 위성방송에서도 IPTV 어디에서도 서비스해야 한다는 입장이다. 법으로 규정하지 않았고, 채널을 운영하는 방송 사업자의 전략적 선택일 수 있지만, 일정 부분은 규제 기관의 영향이 분명히 있다. 이렇게 모든 유료방송에 똑같은 콘텐츠가 제공되면 서비스 의무나 국내 규제 기관의 영향을 받지 않는 글로벌 미디어 사업자의 콘텐츠로 차별할 수밖에 없다. 이럴수록 글로벌 미디어 사업자에 대한 의존도가 높아져 국내 콘텐츠 사업자와 비교해 차별적 거래 조건이 나올 수 있기 때문이다. 이런 생태계가

고착되면 아무래도 글로벌 미디어 사업자에 비교 열위에 있는 국내 콘텐츠 제작은 위축될 수밖에 없다. 이는 경쟁력 하락으로 이어져 또다시 콘텐츠 제작이 위축되는 악순환 단계에 접어들 것이다.

넷플릭스의 진출(2014)에 대응하기 위해 신규 플랫폼 설립을 장려한 결과 프랑스 민영방송 TF1과 이탈리아 민영방송 메디아셋Mediaset, 독일의 프로지벤트싸트 아인츠ProSiebenSat 1가 연합해 '스튜디오71'(2017)을 만들었고 2018년에는 프랑스 공영방송 FTFrance Television, 이탈리아 RAI, 독일의 ZDF가 합작해 알리앙스L'alliance를 만들었다. 2019년에는 프랑스 공영방송(FT)과 민영방송(TF1, M6)이 합작 OTT 서비스인 '살토Salto'를 만들어 가입자 기반SVOD으로 실시간 채널·VOD 등을 제공하고 있다. 프랑스 규제 기관인 시청각최고심의회CSA는 살토의 설립 필요성을 인정해 새로운 플랫폼이 출범하는 데는 적극 찬성했으나 프랑스 경쟁위원회는 살토의 승인 심사 시 과도한 권고 사항을 제시해 아무 규제도 받지 않던 넷플릭스나 디즈니플러스와 달리 차별적 규제를 받게 되었다.

이러한 차별적 규제에 프랑스 방송사는 정부에 규제 개혁을 적극 요구했고 정부는 글로벌 OTT 사업자를 규제하기 어렵다는 점을 인정해 프랑스 자국 방송사의 규제를 대폭 완화해 공정한 경쟁 환경을 만들어주었다.

2020년 2월 JTBC는 웨이브에 그동안 공급하던 채널과 콘텐츠를 중단했다. 그렇다고 해서 웨이브의 유료 가입자는 줄어들지 않았고 티빙의 가입자만 증가하는 현상을 보였다. 한쪽 OTT 서비

- 동일한 콘텐츠에 대해 TV를 통해 제공하는 기존의 '유선 방식'과 VOD 같은 '무선 방식'을 제휴해 두 서비스를 함께 묶어서 판매하지 말 것
- 살토의 독점 콘텐츠에 대한 배급 권한을 모회사로 한정하지 말 것
- 살토가 FT, TF1, M6에 의해 체결된 유선 배급권의 구매 계약 조항에서 누릴 수 있는 혜택의 내용을 명확히 할 것
- 살토가 자체 개발한 서비스나 기능을 제외하고 TNT 채널(지상파 디지털 채널)과 관련된 서비스나 기능을 독점하지 말 것
- 살토를 통하지 않고 지상파 디지털 서비스(TNT 채널)와 관련한 서비스나 기능의 배급을 제삼자에게 객관적이고 공정한 조건으로 제안 가능
- 살토와 세 방송사의 채널(FT, TF1, M6)이 공동으로 제공하는 프로모션 제한함
- 살토 플랫폼에서의 광고와 마케팅은 객관적이고 공정할 것
- 살토와 모회사인 3개의 방송사 간 정보 교환은 반드시 필요한 경우에만 정해진 절차에 따라서 할 것

스에 채널·콘텐츠 중단에 따른 효과가 얼마큼인지 검증하기는 쉽지 않지만, 국내 미디어 이용자도 점차 복수의 서비스를 이용하고 있을 거라는 것은 쉽게 짐작해볼 수 있다. 두 OTT 사업자의 증가에 넷플릭스의 유료 구독자도 크게 증가하니 말이다. 프랑스의 사례처럼 물리적 영토의 한계가 없는 인터넷 서비스 전쟁에서 자국 서비스 사업자에게만 적용되는 차별적 규제는 지양해야 한다. 방송을 포함한 미디어 산업을 규제 울타리에 가두려고 하지 말고 '자율'과 '진흥'과 '사후 규제'라는 정책 방향을 설정해 산업 활성화를 위해 모두가 노력해야 한다. 시장에서 선택은 소비자의 몫이다. 미디어 시장에서도 마찬가지다. 이용자는 자신이 지불하는 시

간과 비용의 효용 가치를 찾아 선택할 수밖에 없다. 그래서 인위적인 시장 개입은 최소화하고 국내 미디어 사업자가 해외 사업자에 비해 역차별받지 않는 환경을 만들어주는 정부의 규제 혁신이 필요하다.

"새 술은 새 부대에 담아야 한다."

미주

1장

1 www.strategyanalytics.com

2 www.bloter.net/archives/375862

3 Perspectives from The Global Entertainment & Media Outlook 2019–2023

4 강준석, 〈프리미엄 리포트〉, KISDI, 2019. 4.

5 https://media.netflix.com/ko/press-releases/netflix-proud-to-preserve-new-yorks-iconic-paris-theatre

6 www.theatlantic.com/technology/archive/2014/01/how-netflix-reverse-engineered-hollywood/282679/

7 조영신, "넷플릭스의 빅데이터(Big Data), 인문학적 상상력과의 접점", 〈인문사회융합 동향〉 1호, 2014.

8 https://byline65dotcom.wordpress.com/2016/01/08/1-31/

2장

1 https://deadline.com/2017/03/scott-stuber-netflix-feature-film-universal-pictures-1202043095/

3장

1 www.businessinsider.com/amazon-ceo-jeff-bezos-said-something-about-prime-video-that-should-scare-netflix-2016-6

2 www.wholefoodsmarket.com/mission-values/core-values

4장

1 https://dtcimedia.disney.com/about

2 www.boxofficemojo.com/title/tt2771200/?ref_=bo_se_r_1

3 https://web.archive.org/web/20090510064647
www.businessweek.com/bwdaily/dnflash/apr2002/nf20020415_7441.htm

4 www.cnbc.com/2020/01/02/wall-street-is-optimistic-on-disney-plus-subscriber-numbers-into-2020.html

5 https://variety.com/2020/film/news/mulan-disney-china-release-date-1234731222/

5장

1 www.gamespot.com/articles/peacock–streaming–app–isnt–available–on–roku–or–am/1100–6479743/

2 https://variety.com/2020/tv/reviews/the–capture–tv–review–peacock–1234702256/

3 www.radiotimes.com/news/tv/2020–06–03/the–capture–bbc–season–2/

4 https://decider.com/2020/07/15/intelligence–peacock–stream–it–or–skip–it/

5 www.adweek.com/brand–marketing/nbcuniversal–peacock–respect–avod–linda–yaccarino/

6장

1 "The Sopranos Is the Most Influential Television Drama Ever"(popMATTERS / 2007.04.22.)

2 www.imdb.com/chart/toptv/?ref_=nv_tvv_250(2020년 8월 기준)

3 www.finance–monthly.com/2019/05/how–much–money–has–hbo–made–from–game–of–thrones/

4 https://edition.cnn.com/interactive/business/streaming–services–compared/

넥스트 넷플릭스

1판 1쇄 인쇄 2020년 11월 05일
1판 1쇄 발행 2020년 11월 10일

지은이 임석봉
펴낸이 김기옥

경제경영팀장 모민원
기획 편집 변호이, 박지선
커뮤니케이션 플래너 박진모
경영지원 고광현, 임민진
제작 김형식

인쇄·제본 민언프린텍

펴낸곳 한스미디어(한즈미디어(주))
주소 121-839 서울특별시 마포구 양화로 11길 13(서교동, 강원빌딩 5층)
전화 02-707-0337 | **팩스** 02-707-0198 | **홈페이지** www.hansmedia.com
출판신고번호 제 313-2003-227호 | **신고일자** 2003년 6월 25일

ISBN 979-11-6007-534-2 13320